Wilfried Reifarth

Was aus mir werden kann

EntwicklungsArbeit mit dem Enneagramm

Verlag des Deutschen Vereins
für öffentliche und private Fürsorge e.V.
Berlin

Schriftenreihe Sonderdrucke und Sonderveröffentlichungen (SD 54)

Verlag des Deutschen Vereins
für öffentliche und private Fürsorge e.V.
Michaelkirchstraße 17/18, 10179 Berlin
www.deutscher-verein.de

Die Auslieferung erfolgt über den Lambertus-Verlag:
www.lambertus.de

Satz: Barbara Schmeißner

Sämtliche Grafiken, Abbildungen, digitale Reproduktionen und
Umschlaggestaltung: Wilfried Reifarth
Titelseite unter Verwendung eines Gemäldes von Gotthard Krupp
(Berlin): „Ohne Titel“, Bildnummer 11/03/03

Druck:
Medienhaus Plump GmbH, Rheinbreitbach

Printed in Germany 2015
ISBN 978-3-7841-2724-8
ISBN E-Book 978-3-7841-2725-5

Veröffentlicht mit Förderung durch das Bundesministerium
für Familie, Senioren, Frauen und Jugend (BMFSFJ)

Inhaltsverzeichnis

1. Vorwort

Eigentlich hätte dieses Buch gar nicht mehr geschrieben werden sollen. Nach Vollendung meiner „Enneagramm-Trilogie“[1] hoffte ich, dass das Wichtigste gesagt und einigermaßen verständlich dargestellt sei. Die Synthese der komplexen Inhalte dieser drei Bücher zu einem kohärenten Ganzen hätte ich liebend gerne an die Leserinnen und Leser delegiert. Ein wenig blauäugig ging ich nämlich davon aus, dass sich der größte Teil der Inhalte, die ich hier mitteilen möchte, bei der Rezeption bereits selbsttätig in ihren Köpfen und Herzen zu eben dieser Synthese entwickeln würden. Im Idealfall also wie eine reife Frucht, die nur noch vom Baum abgenommen und mehr oder weniger genüsslich verzehrt werden müsste. Dieser Idealfall ist meines Wissens bisher nicht eingetreten. Die Gründe hierfür sind vermutlich ebenso schlicht wie zwingend:

- Kaum jemand hat die zeitlichen Ressourcen, sich dieser Aufgabe zu unterziehen.
- Es liegt in der Natur des Themas, von der gefühlten Relevanz so sehr in Beschlag genommen zu werden, dass für ein Denken in größeren und abstrakteren Zusammenhängen kaum noch Kapazität vorhanden zu sein scheint.
- Gerade das persönliche Involviert-Werden aber verhindert, dass eine überpersönliche Perspektive entstehen kann. Sie wäre die Voraussetzung für einen synoptischen Blick, der aus hinreichender Distanz ein Gesamtbild entwerfen kann. Die vielen, manchmal widersprüchlich erscheinenden Elemente passen bei genauerer Betrachtung nämlich erstaunlich gut zusammen (was im Folgenden gezeigt werden soll).
- Das Synthese-Vorhaben hat zugleich etwas „Schulen-Übergreifendes“, denn bisher gibt es meines Wissens kaum Versuche, das *Enneagramm der Persönlichkeit*, das *Enneagramm als Prozessmodell* und wesentliche Elemente der Lehre Gurdjieffs, des sog. *Vierten Weges*, in einen produktiven

1 „Das Enneagramm: Idee, Dynamik, Dimensionen“ (2. Aufl. 2008); „Wie anders ist der Andere? Enneagrammatische Einsichten“ (2. Aufl. 2013); „Bejahen, Verneinen, Versöhnen. Gurdjieff und das Enneagramm“ (2013)

Zusammenhang zu bringen. Diese Perspektiven wurden bisher eher als miteinander unvereinbar, wenn nicht gar sich gegenseitig ausschließend, betrachtet.

Apropos produktiver Zusammenhang: Einmal wohlwollend unterstellt, dass die hierdurch entstehende Komplexität gerade noch zuträglich ist – wozu aber soll sie gut sein? Was soll die Differenzierungslust letztlich bewirken? Wem soll sie nützen? Die Antwort auf diese Fragen ist ebenso schlicht wie vielversprechend: Sie soll *Entwicklung* befördern, und zwar sowohl die subjektive Entwicklung all derjenigen, die sich ernsthaft mit diesen Gedanken auseinandersetzen als auch die der Enneagramm-Idee selbst. Für den subjektiven Bereich eröffnet sich für die Leserinnen und Lesern die Möglichkeit, die Gedanken und Ideen dieses Buches auf den Prüfstand persönlicher Anwendung zu stellen, mehr noch: sie dabei der „Wahrheitsprobe der Zeit" (Buber) zu unterziehen.

Für die Entwicklung der Enneagramm-Idee ist der kritische Diskurs aller gefragt, die in ihr mehr sehen und vermuten als eine Selbsthilfe-Ratgeber-Mode unter vielen, deren Verfallsdatum schon beim Auftauchen festgelegt zu sein scheint. Meiner Einschätzung stellt sie zwar noch nicht das letztgültige Wissen um den Zusammenhang dar, der „die Welt im Innersten zusammenhält", aber sie ist wahrscheinlich schon näher dran als das meiste bisher bekannte. Gleichwohl ist unsere Erkenntnistiefe in Sachen Enneagramm mutmaßlich eher den Proportionen unseres Hirnpotenzials vergleichbar, von denen es ja heißt, dass der größere Teil noch nicht vom aktiven Gebrauch betroffen sein soll. Mit anderen Worten: Wir stehen in puncto Enneagramm-Wissen an einem soliden Anfang – nicht mehr, aber auch nicht weniger.

In diesem Buch soll es also um *Entwicklung* gehen. Es hätte Charme, wenn diesem Text ebenfalls eine entsprechende Idee zugrunde läge.

Deren Entwicklungs-Linie sehe ich folgendermaßen:

- In der *Einleitung* versuche ich nachzuzeichnen, was die Begegnung mit der Enneagramm-Idee für mein Leben bewirkt hat. Ich verbinde damit die Hoffnung, dass darin auch musterübergreifende Gesichtspunkte enthalten sind. Diese persönliche Erfahrung verknüpfe ich mit Eindrücken, Gesprächen, Erlebnissen (und deren Reflexion) aus meiner langjährigen Tätigkeit als Enneagramm-Lehrer. Hieraus leite ich die Grundannahme ab, dass es zur nachhaltigen Entwicklung mehr braucht als die Einsichten und Instrumente, die uns das „Enneagramm der Persönlichkeit" anbietet.
- Dieses „Mehr" versuche ich in *zehn Thesen* herauszuarbeiten. Jeder dieser Thesen folgt eine detaillierte Erläuterung.
- Nachdem das inhaltlich-begriffliche Terrain gleichsam sondiert ist, wird es im Kapitel *Entwicklungsziele* neunfach differenziert und musterspezifisch konkretisiert. Gesucht wird das Beste, was – enneagrammatisch betrachtet – aus den Menschen der Muster EINS bis NEUN werden kann. Alle Darstellungen folgen dabei derselben Systematik: Nach einem skizzenhaften Umriss grundlegender Charakteristiken des Erscheinungsbildes der jeweiligen Persönlichkeiten rücke ich deren „Vorherrschende Leidenschaft" in den Fokus und beschreibe, wie sich die Hinzunahme der jeweiligen Elemente der „Spirituellen Dimension des Enneagramms" (Seelenkind, Idealisierter Aspekt, Holy Idea) auf die Entwicklung dieses konkreten Ennea-Muster-Menschen auswirken kann. Jedes dieser hohen Entwicklungsziele wird durch eine Geschichte illustriert, damit unsere rechte Hirnhälfte die intendierte Botschaft in einer für sie verständlichen Form ebenfalls aufnehmen kann.
- Entwicklung ist selbstverständlich ein Prozess. Die Lehre Gurdjieffs bietet meines Erachtens eine überzeugende Möglichkeit, die Phasen des Prozesses sichtbar zu machen. Nach einer kurzen Erläuterung allgemeiner Merkmale dieser Prozessschritte mache ich den Versuch, die *persönliche Entwicklung im Lichte des Prozessmodells* nachzuzeichnen. Meines Wissens ist dies bisher so noch nicht versucht worden. Man kann der Darstellung entnehmen, dass sowohl der Entwicklungsverlauf als auch die

unterwegs zu nehmenden Hürden für alle Ennea-Muster relativ ähnlich sind. Lediglich die musterspezifisch zu bearbeitenden, konkreten Entwicklungsaufgaben unterscheiden sich erheblich.

- Im nächsten Schritt betrachte ich die von der „Ennea-Community" mit Selbstverständlichkeit benutzten „Werkzeuge" der Enneagramm-Arbeit genauer, vor allem den einschlägigen *Begriffsapparat*. Welche Phänomene stehen eigentlich in Rede und wie bezeichnen wir sie? Nachdem ich deren Eigentümlichkeiten genauer zu fassen versucht habe, unterziehe ich die gängigen Bezeichnungen einer Kritik. Insbesondere die unreflektierte Nähe zum medizinischen Paradigma führt meines Erachtens zu einer „Pathologisierung" der Enneagramm-Idee. Mithilfe eines Exkurses in die Gedanken- und Begriffswelt *Gregory Batesons* entwerfe ich eine Alternative.
- Die Gretchenfrage jedweder Beschäftigung mit der Enneagramm-Idee lautet nach meiner Erfahrung: „Wie hältst du's mit der *Musterfindung*?" Ich gewichte ihre Bedeutung deshalb so hoch, weil von ihr entscheidend abhängt, ob der erhoffte Entwicklungs-Nutzen überhaupt eintreten kann. Nachdem ich den Verlauf des Musterfindungsprozesses beschrieben habe, benenne ich *typische Fallen und Tücken bei der Mustersuche*. Die unterdessen hoffentlich als fruchtbar erkannte Verbindung zum *systemischen Denken Batesons* veranlasst mich zu einer weiteren Anleihe aus seinem Werk: Welche *erkenntnistheoretischen Fehler* können uns bei der Mustersuche unterlaufen?
- Nachdem die wichtigsten Instrumentarien hoffentlich hinreichend genau beschrieben und dadurch unsere Sinne geschärft sein sollten, wende ich mich den wohlverdienten Früchten der vorangegangenen Anstrengungen zu. Wenn *EntwicklungsArbeit* erfolgreich getan worden ist, müsste sie zu einem tieferen und bewussteren Einverstanden-Sein mit uns selbst geführt haben. Der aufschlussreichste Indikator hierfür ist das Entwicklungsstadium unserer *Liebesfähigkeit*. Für diesen wichtigen Aspekt möchte ich die Leserinnen und Leser – neben eigenen Beobachtungen und Überlegungen – mit Teilen des Werkes von *Alfred Orage*, einem der wichtigsten Schüler und Weggefährten Gurdjieffs, bekanntmachen. Seine *Reflexionen über die Liebe* finde ich sehr mitteilenswert.

- Nunmehr auf den „Orage-Geschmack“ gebracht, halte ich es für möglich, das Interesse der Leserinnen und Leser für weitere Bereiche aufgeschlossen zu haben, denen ebenfalls eine *EntwicklungsHilfe* guttun könnte. Ich habe sie – in hoffentlich zutreffend vorweggenommener Würdigung ihrer Bedeutung – *Wege zur Vervollkommnung* genannt. Einige ausgewählte Aphorismen *Orages* lassen dieses Kapitel ausklingen.
- Die *Schlussbetrachtungen* führen den Spannungsbogen wieder in die Ausgangslinie zurück. In konzentrierter Form werden die wesentlichen Gedanken dieses Buches noch einmal zusammengeführt. Ein kurzer Ausblick lässt erahnen, welche (Frage-)Räume sich auftun, nachdem wir den im Buch dargestellten Bereich durchschritten haben: *Entwicklung – und kein Ende*, denn es gibt noch erfreulich viel zu entdecken.

Berlin, im Oktober 2014

W. Reifarth

2. Einleitung

In meinem 2013 erschienenen Buch: „Bejahen, Verneinen, Versöhnen. Gurdjieff und das Enneagramm“ habe ich im Vorwort meinen persönlichen Entwicklungsprozess zu beschreiben versucht. Ich wollte darüber berichten, was ein bewusstes Mich-Einlassen auf die Enneagramm-Idee in mir ausgelöst hat, und ich wollte die Stationen des Prozesses so redlich wie möglich benennen. Ziel war es, meine Motivation für die vorangegangene vierjährige Recherche-Arbeit zu verdeutlichen.

Der Bericht sollte lediglich meine individuelle Erfahrung möglichst genau abbilden, eine weitergehende Intention hatte ich nicht. Folglich habe ich nicht darüber nachgedacht, ob darin möglicherweise eine Struktur verborgen ist, die gleichsam als Blaupause auch für Menschen anderer Ennea-Muster dienen könnte, die sich diesem Abenteuer ebenfalls unterziehen wollen oder es bereits tun. Erst durch Rückmeldungen in Seminaren und in persönlichen Gesprächen wurde ich auf diesen Umstand aufmerksam. Sollte er tatsächlich zutreffen, könnten wir ihn als Beleg für eine Aussage *Rilkes* verstehen, die sinngemäß lautet: Wenn wir das Individuelle hinreichend genau entfalten, wird darin das Allgemeine sichtbar.[2]

Bestärkt durch diese Rückmeldungen und wissend, dass ich nicht davon ausgehen kann, dass Sie, verehrte Leserin und verehrter Leser, meinen Text vor Augen haben, erlaube ich mir ein etwas ausführlicheres Selbstzitat:

> Mein (Ennea-)Weg begann vor über zwanzig Jahren und mäanderte über folgende Stationen:
>
> Eine zufällige Begegnung mit der Idee (1990); erste Ahnung von meinem Ennea-Muster und dessen allmähliches Erkennen und Gewahr-Werden; das (im Schneckentempo) wachsende Verständnis für dessen lebenspraktische Bedeutung; das Kennenlernen meiner sog. *vorherrschenden Leidenschaft*; der damit verbunde-

2 „Der Dichter weiß, dass man, sooft man durch das Befremdliche und stark Individuelle hindurch, nur *tief genug* weiter geht, wieder auf Gemeinsamkeiten stößt, die alle ausnahmslos umfassen.“ (Rilke, Lektüre für Minuten, S. 142)

ne Schmerz, die narzisstische Kränkung, schließlich der Friedensschluss; nach heftigen Abwehrreaktionen die schleichende Erkenntnis, dass deren Energie buchstäblich Mitbewohner jeder Zelle meines Organismus ist; die vielen alltäglichen Situationen, in denen mein Autopilot nach Art eines schlichten Reiz-Reaktions-Schemas in Echtzeit die Steuerung meines Verhaltens übernimmt; die auf imponierende Weise unverwüstlich scheinende Kraft und Vitalität dieser Prozesse; die vibrierende Spannung und spürbare Verunsicherung, wenn rechtzeitiges Gewahr-Werden am Beginn einer automatisch ablaufenden Reaktion dazu führt, diese zu unterbrechen, und ich stattdessen ein für mich neues und ungewohntes Verhalten ausprobieren kann (z. B. durch schlichtes Weglassen einer Gewohnheit); die Wachstumsfreude, die sich dabei einstellt, und – wenn ich nicht achtsam bin – das jedesmalige, ungläubige Staunen darüber, wie der (Entwicklungs-)Rückfall selbst hinter dem kleinsten Fortschritt lauert, denn die stets im Hintergrund bereitstehende Energie der *vorherrschenden Leidenschaft* benutzt die entspannte Freude als Einfallstor, um meinen Entwicklungsfortschritt in Beschlag zu nehmen; das dankbare Registrieren der Frische und Unverdorbenheit eines jeden neuen Tages, der mit Gelegenheiten prall gefüllt ist, neues *Entwicklungs*-Spiel und neues *Entwicklungs*-Glück zu wagen, ohne die „verschüttete Milch" von gestern einsammeln zu wollen oder ihr gar nachtrauern zu müssen.

Ich möchte die gewonnenen Erkenntnisse nicht mehr missen und keinen Tag meines jetzigen Lebens mit den unverstandenen und vergleichsweise ahnungslosen früheren Zeiten eintauschen. Und dabei beziehen sich die oben genannten Positionen der Veränderungs-Habenseite nur auf die Binnenschau. Daneben gibt es selbstverständlich noch die *Dimension des Anderen*. Auch hier werde ich im Hinblick auf das, was die Enneagramm-Idee in mir bewirkt hat, fündig:

Früher war die „Anderheit des Anderen" für mich ein eher gestaltloser, unscharfer Begriff. Wenn ich diese Anderheit schmerzhaft zu spüren bekam, habe ich – meinem unverstanden vor sich hin wirkenden Ennea-Muster gemäß – diese Unterschiede so lange „verständnisvoll" bearbeitet, bis sie – weil ihrer Ecken und Kanten beraubt – gleichsam „unschädlich" gemacht worden waren. Oder ich habe mir hypothetische Erklärungen (mit entschuldigendem Beiklang) zurechtgelegt, die es mir ermöglichten, einen Rest von Grundsympathie zu bewahren. Auf dieser Basis konnte ich die zwischenmenschlichen Verbindungen so aufrecht erhalten, wie es durch die Umstände geboten schien. Wenn mir dies gelang, fühlte ich mich meistens dem Anderen überlegen; ich blickte zu meinem Gegenüber *hinab*. Tief im Innern war ich *gerührt von der eigenen Güte* und blieb dabei ziemlich blind für den histrionischen Aspekt meines Umgangs mit mir selbst. Die tatsächliche Herausforderung und die kräftezehrende, emotionale Anstrengung, die die Erfahrung einer unüberbrückbaren Kluft zur Anderheit des Anderen darstellt, habe ich vor mir selbst verniedlicht. Oder ich habe geglaubt, mein kommunikatives Repertoire sei einfach noch nicht ausgefeilt genug. Für ein nächstes, vergleichbares Mal habe ich mir Besserung gelobt. Oder ich habe – und dafür schäme ich mich heute – nicht selten gedacht, die störenden Unterschiede mit der Zeit „weg-lieben" zu können.

Kurzum: Die *Anderheit* war für mich – je nach Situation – manchmal Unfall, meistens sportliche Herausforderung, hin und wieder therapeutisches Übungsfeld, oft Objekt meiner helfenden Begierde. Latent war sie fast immer Indikator für meine Fähigkeit, eigentlich Unerträgliches aushalten zu können, was mich insgeheim mit Stolz erfüllte. Manchmal war mein Umgang mit der Anderheit einfach nur repressive Toleranz. Im Rückblick fällt mir auf, dass zwei Qualitäten bei alledem Gefahr liefen, zu kurz zu kommen: *wirklicher Respekt* und *aufrichtige Wertschätzung*. Die faktische Instrumentalisierung zwischenmenschlicher Beziehungen zu verleugnen, wäre, was mich selbst angeht, nicht redlich.

Nun mag man einwenden, es sei weltfremd, den fast durchgängigen *Quid-pro-quo*-Charakter des alltäglich-zwischenmenschlichen Umgangs zu leugnen, denn kaum jemand tue etwas uneigennützig. Viel häufiger sei das „*Um-zu-…*" der eigentliche Beweggrund. Das mag zutreffend sein. Was ich hier berichten möchte, bezieht sich allerdings auf etwas anderes: Durch die Erkenntnis meines eigenen Ennea-Musters und den lernend-suchenden Umgang damit, hat sich in mir eine innere Sperre, eine Art Widerwille entwickelt, mit dem Anderen in dieser Weise umzugehen. Als wirkliche Herausforderung sehe ich es an, mich darin zu üben, die Anderheit des Anderen so genau, wie es mir möglich ist, wahrzunehmen; diese Wahrnehmung von meinen automatisch aufsteigenden, inneren Bewertungstendenzen so gut wie möglich freizuhalten – also die Anderheit einfach nur in ihrem So-Sein zu registrieren; die energetische Ausstrahlung des Anderen aufzunehmen und mich ehrlich zu fragen, wie es mir damit geht; Kontrolle über meine automatische Tendenz auszuüben, leichtfertig etwas zu versprechen, ohne mir in diesem Augenblick die Einlösungsmöglichkeit zu vergegenwärtigen; eine respektvolle energetische Distanz zum Anderen zu wahren und dabei den Blick für die immanente Schönheit des Andersseins bewusst zu schärfen; den Blick für die möglicherweise vorhandene neurotische Verzerrung dieser inneren Schönheit ebenfalls zu schärfen, und – wenn es erforderlich ist – mich durch Dosierung von Distanz und Nähe vor diesem Einfluss zu schützen; und schließlich: genauer zu prüfen, mit wem, wann und wie intensiv ich mich einlassen will.

Ich glaube, ohne Übertreibung behaupten zu können, dass die Kenntnis und das allmähliche Erlernen meines Enneagramm-Musters mein Leben stärker verändert hat (und noch immer verändert) als alles andere, was mir im Bereich psychologischer Theoriebildungen bisher begegnet ist. Das Wissen und die Einsichten, die die Enneagramm-Idee bereithält, sind jedoch nicht mehr als eine Option. Es liegt ausschließlich in meiner Verantwortung, ob ich die in dieser Option enthaltenen Möglichkeiten realisiere, sie in mein Leben integriere, aus einer gedanklichen Einsicht tatsächliches Verhalten werden lasse oder mich mit einem bloßen Vorsatz zufrieden gebe. Die Welt kümmert es letztlich nicht – sie nimmt ihren Lauf, so oder so.

Weil ich mich für *Entwicklung* entschieden habe, dürfte es also kaum verwundern, wenn ich mich als überzeugten Anhänger der Idee bezeichne.[3]

Die Idee der seelisch-geistigen Entwicklung sehe ich als größte Herausforderung und größte Chance der Enneagramm-Idee zugleich. Die folgenden Gedanken, Akzentuierungen, synoptischen Versuche usw. verstehe ich als meinen Beitrag, die Gestalt des Entwicklungs-Gedankens ein wenig deutlicher zu konturieren und für die Sucherinnen und Sucher unter uns fassbarer zu machen.

Im ersten Teil meiner Abhandlung mache ich den Versuch, Gedanken und Einsichten, die in unterschiedlichen Zusammenhängen meiner bereits erschienenen drei Veröffentlichungen zum Thema dargestellt sind, zu gewichten und in einen organischen Zusammenhang zu bringen – damit sie gleich-

3 (Reifarth, Berlin 2013, S. 9 ff)

sam als allgemeine Stufen bzw. Bedingungen eines Entwicklungsprozesses gelesen werden können. Um das möglichst prägnant zu gestalten, habe ich versucht, alles mir wichtig Erscheinende in *zehn Thesen* unterzubringen. Ihnen folgen jeweils Erläuterungen, die hoffentlich genügend Diskussionsstoff enthalten, um dem von mir gewählten Begriff der *EntwicklungsArbeit* annähernd gerecht zu werden.

Weil ich jedoch nicht gleich mit der Tür ins komplexe (Entwicklungs-)Haus fallen möchte, beginne ich mit einer einfachen Handreichung. Sie könnte auch als Vehikel dienen, der „Betriebstemperatur“ ein wenig näher zu kommen, ohne die es kein aufmerksames Lesen geben kann.

2.1 Entwicklungsanleitung für Menschen, die das „Kleingedruckte“ nicht mögen

1. Lerne, Dich genau zu beobachten.
2. Registriere dabei einfach nur, was Du denkst, fühlst und tust, ohne es zu bewerten.
3. Achte besonders auf Dinge, die sich wiederholen. Es könnte sich um Gewohnheiten handeln.
4. Entdecke einen Zusammenhang zwischen Deinen Gewohnheiten und Deinem Ennea-Muster.
5. Entdecke die Ennea-Muster bei Anderen und lerne, wie plausibel es sein kann, sich ganz anders als Du selbst zu verhalten.
6. Lerne, was unter Entwicklung in Deinem Muster in den Ennea-Büchern verstanden wird.
7. Frage Dich, was davon attraktiv ist und beginne, es für kurze Zeit einmal zu üben. Wenn Du Dich dabei besser fühlst, behalte es bei.
8. Befasse Dich mit den Mustervarianten im Allgemeinen und mit Deinen im Besonderen. Für manche Menschen sind sie eine wertvolle Hilfe, sich selbst besser zu erkennen.

9. Lerne, was es mit der spirituellen Dimension des Enneagramms auf sich hat und vertiefe Dich in alles, was dort über Dein Muster gesagt wird. Versuche, es im Alltag wiederzufinden.
10. Tue einmal am Tag, was *Es* nicht will. Werde darin zum Ausdauersportler.

Würde ein Mensch nur diese zehn Schritte beherzigen, wäre seine Entwicklung wahrscheinlich schon unvermeidlich. Zugleich ließe sich wahrscheinlich schnell Einigkeit darüber erzielen, dass ihre ernsthafte Umsetzung die Bezeichnung „Arbeit“ bereits voll und ganz verdient hätte. Denn jeder einzelne Schritt stellt Gewohnheiten in Frage und bürstet sie manchmal gegen den Strich; er löst Widerstände aus; er erzwingt zwar Zustimmung, weil er „an sich vernünftig“ ist, aber es finden sich sogleich gute Gründe, warum er jetzt gerade nicht zu verwirklichen ist, sondern erst später ... (diejenigen unter uns, die gelernt haben, mit weniger Illusionen auszukommen, wissen, dass „später“ faktisch „nie“ bedeutet).

2.2 Vergrößerung des „Kleingedruckten“

Im Alltagsgeschehen des richtigen Lebens verführt uns das Kleingedruckte zur Ignoranz, im Konfliktfall wird es aber unvermittelt zur Hauptsache: Die vom Regress bedrohte Partei wird akribisch diejenigen Passagen im Kleingedruckten hervorholen und gleichsam „bedeutungs-vergrößern“, die passgenau ihre Entlastung bewirken können. Es könnte also lohnen, uns zunächst einen Überblick zu verschaffen, welche Bereiche das „Kleingedruckte“ in unserem Fall („Was ist und wie geschieht Entwicklung?“) abdecken müsste. Genauer gesagt: Welche Bereiche ich als Autor und Enneagramm-Lehrer nach dem Stand meiner bisherigen Erkenntnisse für unbedingt dazugehörig und deshalb für erwähnenswert halte. Es gibt zu diesem Thema meines Wissens bisher keine gezielte Veröffentlichung, geschweige denn eine Art Bestand geteilter Überzeugungen, aus denen Standards abgeleitet werden könnten.

Georg Iwanowitsch Gurdjieff und sein „Vierter Weg"

Geb. vermutlich 1866 in Alexandropol (damals russisch; heute: Gjumri/Armenien) – gest. 29. Oktober 1949 in Neuilly bei Paris

Bis zu seinem öffentlichen Wirken 1908 in Taschkent, später in Moskau und St. Petersburg, hatte Gurdjieff eine jahrzehntelange Forschungs- und Expeditionstätigkeit hinter sich, die ihn nach Zentralasien, Nordafrika und Europa führte. Gemeinsam mit Weggefährten, die sich „Sucher der Wahrheit" nannten, versuchte er, jahrtausendealtes, esoterisches Wissen über den Menschen und seinen Platz im Kosmos zu enträtseln und dieses insbesondere für die Menschen der technologisch geprägten, westlichen Kultur nutzbar zu machen.

Um den Wirren der russischen Revolution zu entkommen, verlagerte er seine Lehrtätigkeit nach Frankreich. In Avon (nahe Fontainebleau bei Paris) gründete er 1922 sein „Institut für die harmonische Entwicklung des Menschen". Hier lehrte er bis 1933 seinen Vierten Weg, ein Konglomerat von Ideen aus verschieden Kulturen. Ziel ist die harmonische Entwicklung der von ihm postulierten drei Intelligenzen (Denken, Fühlen, Handeln).

Die Arbeit an der eigenen Entwicklung geschieht (unter Alltagsbedingungen) wesentlich mittels

- Arbeit an sich selbst (durch innere Achtsamkeit),
- Nicht-Identifizierung,
- Nicht-Anhaften an negativen Emotionen,
- Studium der Lehre.

Gurdjieff erhielt sehr starken Zuspruch von Menschen, die einer intellektuellen bzw. künstlerischen Avantgarde zugerechnet werden können. Nach Schließung seines Instituts verlagerte er seine Lehrtätigkeit nach Paris.

In meinem Buch „Bejahen, Verneinen, Versöhnen. Gurdjieff und das Enneagramm" habe ich Leben und Werk dieses „bemerkenswerten Menschen" ausführlich dargestellt und herausgearbeitet, welchen Platz die Enneagramm-Idee in seiner Lehre einnimmt.

Ich behaupte:

Eine Entwicklungs-Theorie des Enneagramms, die Wirksamkeit und Nachhaltigkeit beanspruchen will, kommt mit den Elementen, die das Theorie-Gerüst des „Enneagramms der Persönlichkeit“ bereithält, allein nicht aus. Es muss um grundlegende Einsichten Gurdjieffs, die als „Lehre des Vierten Weges“ firmieren, ergänzt und erweitert werden. Ebenso gehören wesentliche Erkenntnisse aus dem Bereich der spirituellen Dimension des Enneagramms dazu. Erst die so entstehende Synthese besitzt genügend Komplexität und Wirklichkeitstreue, um die ebenso subtilen wie tiefen Dimensionen dieses existenziellsten aller menschlichen Abenteuer sowohl verstehen als auch beginnen und durchstehen zu können.

3. Zehn Thesen zur EntwicklungsArbeit mit dem Enneagramm

1. Das wichtigste Charakteristikum des Enneagramms der Persönlichkeit ist es, der Selbsterkenntnis eines Menschen genauso viel Bedeutung beizumessen wie dessen möglicher seelisch-geistiger Entwicklung.

2. Notwendige Voraussetzungen hierfür sind eine genaue Selbstbeobachtung und eine zutreffende Musterbestimmung. Sie stehen am Beginn eines jeden Entwicklungsprozesses. Ohne sie kann keine konstruktive Entwicklung stattfinden.

3. Ziel aller Entwicklungsarbeit ist es, die Verbindung zum wahren Selbst zu erlangen, also – mit Gurdjieffs Worten – unsere Transformation vom „Menschen in Anführungszeichen“ zum „Menschen ohne Anführungszeichen“ zu vollbringen.

4. Entwicklung ist jedoch nur eine Idee und als solche nur eine Option, mehr nicht. Sie zu verwirklichen bedeutet Arbeit. Diese muss getan werden. Es liegt an jedem Menschen selbst, diese Option in sein Leben zu holen. Die dabei zu tuende Arbeit lässt sich individuell passgenau beschreiben.

5. Sie ist nicht delegierbar, jeder Mensch muss sie selbst ausführen. Sie gelingt ihm nur aus freien Stücken, Schritt für Schritt, mit wachem Bewusstsein und immer wieder aufs Neue – genau genommen sein ganzes restliches Leben lang.

6. Wirkliche Entwicklung beginnt mit der Eigenerkenntnis der „Vorherrschenden Leidenschaft“. Sie verleiht jedem individuellen Verhalten die charakteristische Färbung und ist zugleich die Quelle der Lebensenergie eines Menschen. Als spirituelle bzw. geistige Qualität ist sie mit psychologischen Mitteln nicht zu erkennen. Es braucht eine andere Form der Wahrnehmung, nämlich das Erkennen einer spezifischen Energie.

7. Wir Menschen sind nicht die Schöpfer unserer selbst, sehr wohl aber die Verwirklicher eines in uns bereits von unserem Beginn vorhandenen Potenzials. Wir sind – mit Gurdjieffs Worten – ein Sich-selbst-entwickeln-der-Organismus. Ohne dieses Bemühen bleibt unser Potenzial latent; es verharrt in Wirkungslosigkeit. Selbst-Entwicklung setzt jedoch *richtige* Selbsterkenntnis zwingend voraus.

8. Selbst-Entwicklung geschieht nur dann *nachhaltig*, wenn neben der Erkenntnis der vorherrschenden Leidenschaft auch deren spiritueller Sehnsuchtsort, die „Holy Idea“ des Musters, einbezogen wird. Besonders hilfreich hat sich die Arbeit mit deren Ableitungen, z. B. dem „Seelenkind“ und dem „Idealisierten Aspekt“ erwiesen. Auch die Erkenntnis der eigenen Mustervariante[4] kann für die Selbst-Entwicklung hilfreich sein.

4 Vgl. Reifarth: Wie anders ist der Andere, S. 85 – 106.

9. Musterübergreifend gilt, dass der geistige Nährboden für die Entwicklungsarbeit ständig neu bereitet werden sollte. Das geschieht insbesondere durch Achtsamkeit für den individuellen Umgang mit *negativen Emotionen* und der bewusst eingesetzten *Nicht-Identifizierung*. Und keineswegs trivial ist die Empfehlung, Entwicklung in kleinen Schritten anzugehen.

10. Selbst-Entwicklung gelingt paradoxerweise nicht ohne ein Du: Es braucht die Spiegelung im Anderen. Deshalb ist es richtig, wenn gesagt wird: „Niemand kann einen Anderen weiterbringen als er mit sich selbst gekommen ist; gleichwohl vermag er mit sich selbst nicht weiterzukommen als er den Anderen zu bringen wagt."[5]

3.1 Erläuterung der These 1

> *Das wichtigste Charakteristikum des Enneagramms der Persönlichkeit ist es, der Selbsterkenntnis eines Menschen genauso viel Bedeutung beizumessen wie dessen möglicher seelisch-geistiger Entwicklung.*

Wenn enneagrammatische Selbsterkenntnis in eine stimmige Musterfindung mündet, erzeugt sie eine mehrdimensionale Abbildung der eigenen Persönlichkeit, ihrer Strukturen und der damit verbundenen Dynamiken. Wenn ein Mensch im angestammten Ennea-Muster-Zuhause tatsächlich ankommt, wirkt sich diese Erkenntnis wie ein *roter Faden* aus: Er verbindet bis dahin disparate Puzzleteile seiner Biografie miteinander. Es erscheint eine Gestalt, die – allen biografischen Veränderungen zum Trotz – konstant geblieben ist. In dieser Person entsteht die Gewissheit: „Das bin ich – und genau dieser Mensch war ich schon immer!"

Nach gelungener enneagrammatischer Selbsterkenntnis beginnt die eigentliche Arbeit: Das neue Muster-Zuhause will erkundet werden, Versöhnung mit dem nun erkannten So-Sein erfordert eine aktive Auseinandersetzung. Zum Beispiel wird es noch sinnloser, die in der Vergangenheit verschüttete Milch immer aufs Neue einsammeln zu wollen. Genauso wie das unverdrossene

5 Aus dem Zen-Buddhismus; genaue Quelle unbekannt.

„Singen-des-eigenen-Liedes“, der zur lieben Gewohnheit gewordenen individuellen Klagemelodie.

Das Nachhause-Kommen ist also durchaus zunächst eine zwiespältige Erfahrung: einerseits die Freude darüber, den Schlüssel zu den eigenen inneren Räumen gefunden zu haben und andererseits die Ernüchterung, festzustellen, dass sich darin noch wenig bis nichts abspielt. Und dass sich das Wenige zudem noch keineswegs vertraut anfühlt. Die vorgefundene Leere will gefüllt sein. Würde sich bereits mit der gewonnenen Selbst-Erkenntnis Zufriedenheit einstellen, gäbe es kein Motiv, Entwicklungsarbeit an sich selbst vorzunehmen. Man könnte es als eine List der Enneagramm-Idee ansehen, in das entstandene Vakuum eine attraktive Vision zu platzieren, was aus diesem Menschen, der ich schon immer war, werden könnte.

Ennea-technisch gesehen besteht die Vision am Beginn der Arbeit aus einem Konglomerat verschiedener Verhaltensweisen und Einstellungen, die einen entwickelten Menschen des Musters kennzeichnen, das sich „gegen die Pfeilrichtung“ zu meinem eigenen befindet (also in entgegengesetzter Richtung des sog. „inneren Flusses“). In der Regel stehen diese Verhaltensweisen und Einstellungen fast im Gegensatz zu meinen Gewohnheiten. Diese Herangehensweise ist keineswegs falsch, sondern nützlich, weil sie subjektiv plausible Erkenntnisse liefert („das ist mit mir verwandt“) und insofern als erste Annäherung durchaus taugt. Sie besteht gleichsam aus den Schritten, die sich organisch an meine Ausgangslage anschließen.

Für die später folgende, intensivere Entwicklungsarbeit erweist sie sich allerdings als zu holzschnittartig, denn beide, mit meinem Muster durch Linien verbundene, Ennea-Muster sind *bivalent*: Sie enthalten sowohl Entwicklungs- wie Verwicklungsdimensionen für mich. Um das zu erkennen und richtig einschätzen zu können, braucht es jedoch mehr als Anfängerwissen.

3.2 Erläuterung der These 2

Notwendige Voraussetzungen hierfür sind eine genaue Selbstbeobachtung und eine zutreffende Musterbestimmung. Sie stehen am Beginn eines jeden Entwicklungsprozesses. Ohne sie kann keine konstruktive Entwicklung stattfinden.

Selbstbeobachtung meint, sich selbst klar, ungeschönt und ohne Bewertung (weder mit positiver noch mit negativer Tendenz) beim Denken, Fühlen und Handeln zuzuschauen und die geschehenden Abläufe einfach nur zu registrieren. Es bedeutet auch, auf jedwede Interpretation des Beobachteten zu verzichten, ebenso darauf, einen Zusammenhang mit scheinbar oder tatsächlich darunterliegenden Motiven oder „guten Gründen" herstellen zu wollen. Genau hierin unterscheidet sich Selbstbeobachtung von der Introspektion: Bei Letzterer geht es nämlich im Kern darum, sich selbst motivational „auf die Schliche" zu kommen.

In unserer menschlichen Natur ist die Tendenz, jedweden Sachverhalt sofort mit einer Bewertung versehen zu müssen, quasi als evolutionäre Konstante angelegt. Die Unterscheidung in *gut und böse* oder in *Freund und Feind* liegt in unseren Genen. Sie war und ist überlebensnotwendig. Sie bewusst zu unterlassen, ist also gleichsam „unnatürlich". Es bedeutet, dass diese Haltung zunächst erlernt und geübt werden muss. Nach anfänglichem Fremdeln und situativem Unbehagen stellt sich häufig eine große Erleichterung ein, insbesondere dann, wenn es erstmals gelingt, sich selbst ohne Bewertung zu beobachten. Wenn dieser Prozess diszipliniert über einige Zeit durchgehalten wird, setzen sich Einzelbilder allmählich zu einem komplexen Puzzle zusammen: „Das also bin ich!"

Eine Musterbestimmung ist dann zutreffend, wenn sie das Wesen bzw. den Charakter eines Menschen in seiner Komplexität zutreffend abbildet, d. h. die Eigenart seines Denkens, Fühlens und Handelns richtig beschreibt, sodass zutreffende Voraussagen möglich sind. Sie muss sowohl der kritischen Eigenprüfung als auch dem Urteil der Menschen, die diese Person gut kennen, standhalten. Idealerweise sollte sie das gesamte Spektrum vorkommender Verhaltensmerkmale „ohne Rest“ erklären können.

Insbesondere für die kritische Eigenprüfung gilt, dass sie ein *offener Prozess auf der Zeitachse* ist. Denn in den meisten Fällen ist die Selbsterkenntnis des Ennea-Musters mit einem spezifischem Schmerz verbunden, dessen Ursache in einer narzisstischen Kränkung liegt: Die neugewonnene Selbst-Erkenntnis legt mir nahe, dass mein bisheriges Selbstbild einer Korrektur bedarf bzw. nicht mit dem Bild, was andere von mir hatten, in Deckung war. Meine musterspezifischen Abwehrmechanismen treten in Funktion, um mich vor diesem Schmerz zu schützen. Das allmähliche und gründliche Erlernen meiner Mustereigentümlichkeiten, das zunehmende Vertraut-Werden und die schließlich stattfindende Aussöhnung bzw. der innere Friedensschluss ermöglichen den Beginn einer konstruktiven Entwicklung.

Konstruktiv ist eine Entwicklung dann, wenn an deren Ziel eine Akzeptanz meines Soseins steht – ein quasi bedingungsloses Ja-Sagen zu mir selbst, die Beendigung jedweden Haderns mit früher nicht geliebten Eigenarten, kurz: der *innere Einklang*. Dieser zeigt sich u. a. darin, dass ich meine „Vorherrschende Leidenschaft“ kontrollieren kann und deren Potenzial als Quelle meiner Lebensenergie verstehen, bejahen und einzusetzen gelernt habe. Sie zeigt sich auch darin, dass ich aus „Rückfällen“ lerne und mich über „Vorfälle“ freuen kann, weil ich sie – im Gegensatz zu früher – beide nunmehr bewusst registriere.

3.3 Erläuterung der These 3

> *Ziel aller Entwicklungsarbeit ist es, die Verbindung zum wahren Selbst zu erlangen, also – mit Gurdjieffs Worten – unsere Transformation vom „Menschen in Anführungszeichen“ zum „Menschen ohne Anführungszeichen“ zu vollbringen.*

Die wenig charmante Äußerung Gurdjieffs vom „Menschen in Anführungszeichen“ bezieht sich auf die leicht zu beobachtende Tatsache, dass wir Menschen in einer eigentümlichen Weise durch unsere Alltage „schlafwandeln“:

Von einer unserer drei Teilpersönlichkeiten gesteuert, verrichten wir unsere Handlungen wie in Trance, robotergleich und automatenhaft. Die Teilpersönlichkeiten (Denk-, Emotions- und Bewegungszentrum) steuern unser Verhalten und geben vor, gleichsam Prokura für das Ganze zu haben. Sie behaupten, im Namen unseres Ichs zu sprechen und alle Teile im Blick zu haben, also das Ich zu sein. Tatsächlich handeln sie jedoch unkoordiniert und eigennützig, und sie bedienen sich schamlos aus den Energievorräten der anderen.

In Gurdjieffs „Viertem Weg“ ist es das erklärte Ziel, unser Bewusstsein auf diesen fatalen Umstand zu lenken. Es gilt zunächst, die von ihm behauptete Existenz unserer Teilpersönlichkeiten nachzuvollziehen und bei mir selbst zu entdecken. Es braucht einige Übung, um mir darüber klar zu werden, in welchem der Zentren ich mich gerade befinde bzw. was mich in diesem Augenblick steuert. Das geht nur mit genauer Selbstbeobachtung.

Habe ich den aktuellen Zustand richtig erkannt, kann ich die automatische Steuerung unterbrechen und selbst die Richtung vorgeben. Es geht im Wesentlichen darum, jeweils das Zentrum arbeiten zu lassen, welches für die aktuelle Aufgabe am besten geeignet ist. Mit einiger Übung und achtsamer Disziplin mag es schließlich gelingen, die Arbeit der Zentren in eine harmonische Balance zu bringen. Der so entwickelte Mensch übernimmt die Verantwortung für sich, für seine Taten und sein Leben. Er kommt nun manchmal in Kontakt mit seiner wichtigsten Orientierungsinstanz: seinem wirklichen Gewissen. Indem er die Orientierung am „konditionierten Gewissen“ – einem Konglomerat aus Erziehung, angelernten Normen und übernommenen Meinungen – überwindet, kommt er allmählich in Kontakt mit seinem wahren Selbst: Er wird zu einem „Menschen ohne Anführungszeichen.“

3.4 Erläuterung der These 4

Entwicklung ist jedoch nur eine Idee und als solche nur eine Option, mehr nicht. Sie zu verwirklichen, bedeutet Arbeit. Diese muss getan werden. Es liegt an jedem Menschen selbst, diese Option in sein Leben zu holen. Die dabei zu tuende Arbeit lässt sich individuell passgenau beschreiben.

Sehr vertraut ist vielen von uns die Situation, dass jemand – meistens mit Mühe und Selbstüberwindung – die eigene Musterheimat gefunden hat und mit Berechtigung und Überzeugung sagen kann: „Ich bin ein Mensch des Musters Soundso". Die sich anschließende Frage lautet: „Was nun?" (Wobei zu beobachten ist, dass diese Frage häufiger existenziell gespürt als verbal geäußert wird.) Wie dem auch sei: Sie verlangt so oder so nach einer Antwort. Denn wenn diese nicht erfolgt, bleibt die gewonnene Erkenntnis mehr oder weniger folgenlos. Sie reduziert sich auf ein intellektuelles Ereignis, das irgendwann einmal stattgefunden hat und beizeiten wieder erinnert wird, z. B. um sich vor sich selbst oder vor anderen in einer konkreten Situation zu rechtfertigen. Kurzum: Es geht letztlich dieser Einsicht wie allen anderen, durchaus wichtigen, die uns das Leben offenbart: „Ich bin zu dick", „Ich müsste mehr Bewegung haben" usw. Sie fallen dem Vergessen anheim, und wir gehen zur gewohnten Tagesordnung über.

Die natürliche Folge ist: Es bleibt alles beim Alten – nichts verändert sich (und schon gar nicht nachhaltig). Der konstruktive Umgang mit meiner Muster-Erkenntnis ist dem Muskelaufbau vergleichbar: Letzterer gelingt nur, wenn ich ihn aktiv unterstütze und seine Leistung kontinuierlich abfordere, ansonsten verkümmert er. Was also für den Muskelaufbau das kontinuierliche Training ist für die Selbsterkenntnis der achtsame und bewusste Umgang mit meiner neugewonnenen Einsicht. Jeder neue Tag bietet mir hierfür hunderte von Gelegenheiten. Wenn ich nur drei von ihnen ergreife, verankert sich bereits nach kurzer Zeit die Einsicht existenziell, was es wirklich bedeutet, ein Mensch des Musters Soundso zu sein. Und dann beginnt ein Entdeckungsprozess, der buchstäblich Open-end-Charakter hat, weil es soviel Neues zu lernen gibt. Anfangs ist es kaum vorstellbar, wie konsistent und alles durchdringend dieses Muster meine Alltage regiert, indem es allem, was ich denke, fühle und sage, seine spezifische Farbe verleiht.

Alles hängt also letztlich am Willen und an der Bereitschaft eines Menschen, sich *für* Entwicklung zu entscheiden. Hat er diesen Schritt getan, stehen ihm neun sehr differenzierte Handlungsanweisungen zur Verfügung. Im Idealfall hat ihn die Selbst-Erkenntnis bereits in sein angestammtes Muster geführt. Auf dieses gilt es nun den Fokus zu richten und die verschüttete Verbindung zu ihm freizulegen. Das geschieht am besten wie beim Lernen einer neuen Sprache: Die wichtigsten Vokabeln und die Grundzüge der Grammatik gilt es zu erfassen und diese mit dem eigenen Erleben abzugleichen.

Eine Erfahrungs-Faustregel lautet: Wenn eine Einsicht besonders schmerzt, lohnt sich die genaue Beschäftigung mit ihr am meisten, denn in ihr steckt das größte Entwicklungspotenzial. Sollte ein Mensch im „falschen Hause" suchen, ist auch diese Erfahrung im Sinne größerer Bewusstwerdung nicht umsonst. Bedauerlicherweise kann ein Mensch aber in diesem Falle die Früchte seiner Entwicklungs-Arbeit nicht wirklich ernten. Um es in einem anderen Bild zu sagen: Er nimmt gleichsam Feinschliffarbeiten am falschen Rohling vor. Deshalb ist es überhaupt nicht beliebig, ob die Musterfindung genau gelingt oder ob sie nur ungefähr zutreffend ist.

Wie bereits oben angedeutet, hält das „Enneagramm der Persönlichkeit" sowohl eine präzise Beschreibung der Entwicklungen wie der Verwicklungen für jedes der neun Muster bereit. Diese musterspezifische Information zu lernen, zu verstehen und in das eigene Leben zu integrieren, macht den wirklichen Unterschied für einen selbst und für vertraute Andere. Wenn dieser Weg ernsthaft und aufrichtig gegangen wird und die dabei auftretenden Schwierigkeiten und Zweifel einen Menschen letztlich nicht kopfscheu machen, wird sein „Nachhause-Kommen" irgendwann so attraktiv, dass es für ihn kein Zurück mehr gibt: Entwicklung wird zur bereitwillig begangenen Einbahnstraße.

3.5 Erläuterung der These 5

Sie ist nicht delegierbar, jeder Mensch muss sie selbst ausführen. Sie gelingt ihm nur aus freien Stücken, Schritt für Schritt, mit wachem Bewusstsein und immer wieder aufs Neue – genau genommen sein ganzes restliches Leben lang.

Was sich so leicht dahinsagt, hat eine ganz weitreichende Bedeutung: Alle Versuche, einen Menschen „in die Entwicklung zu bringen", sind letztlich leider zum Scheitern verurteilt. Weder Druck noch Überredung, weder Manipulation noch Verführung, weder Angstmache noch Strafandrohung können einen Entwicklungsprozess nachhaltig in Gang bringen. Impulse und Hinweise, Feedbacks und freundschaftliche Ermahnungen können zwar den Blick eines Menschen in die Entwicklungsrichtung lenken. Die Willenstat, sich entwickeln zu wollen, kann aber nur aus dem Inneren eines Menschen selbst kommen. Er muss sie gleichsam eigenhändig vollbringen, Delegation ist ausgeschlossen.

Genauso wenig wie der bzw. die Co-Abhängige den Süchtigen heilen kann, sondern vorher eher selbst in den Strudel gerät, kann ein anderer Mensch jemandes Entwicklungsarbeit stellvertretend übernehmen. Das gilt auch und insbesondere für Eltern, Therapeuten, Coachs, Ehepartner. Alles Flehen, Drohen, Säuseln, Bitten, „den-Teppich-ausrollen", „in-Watte-packen", „die-Kohlen-aus-dem-Feuer-holen" usw. – so gut gemeint es auch immer sei –, es wird nicht die erwünschte Wirkung haben können. Es produziert lediglich Anpassungen, die spätestens dann wieder verschwinden, wenn der diesbezügliche Einfluss bzw. Druck nachlässt.

Dennoch: Ganz so aussichtslos, wie es nach dem Gesagten scheinen mag, ist es in Wirklichkeit zum Glück nicht. Wenn wir den „Impuls", den wir geben können, genauer betrachten, lassen sich zwei förderliche Bedingungen hervorheben: Neben dem liebevollen Hinweis in die Richtung, wohin der in Rede stehende Mensch seine Suche konzentrieren sollte, ist es das eigene positive Entwicklungs-Vorbild. Von ihm geht eine starke Anziehungskraft aus, die sich energetisch und untersprachlich mitteilt. Sie ist ein Charakteristikum aller entwickelten Menschen und ihre Wirkung verstärkt sich, wenn der entwicklungssuchende Mensch bei seinem Vorbild einen Vorher-Nachher-Vergleich anstellen kann, also selbst Zeuge von dessen konstruktivem Prozess ist. Das Vorbild macht Hoffnung, nährt den erforderlichen Optimismus und hilft, krisenhaft aufkommende Zweifel zu besänftigen.

Letztere gehören zwangsläufig zum Unterfangen dazu. In zeitgenössisch-digitaler Metaphorik ausgedrückt, bedeutet Entwicklung, unser bis dahin leidlich funktionierendes Betriebssystem im laufenden Betrieb zu optimieren – in der Hoffnung, dass es nachher Aufgaben eleganter bewältigt, weniger Energie verbraucht und zudem noch schneller und stabiler arbeitet. Spirituell ausgedrückt bedeutet Entwicklung, unsere Gewohnheiten auf den Prüfstand zu stellen und sie daraufhin zu untersuchen, ob sie wirklich mit unserem wahren Selbst im Einklang stehen oder nur dazu dienen, den mechanischen Dämmerzustand aufrecht zu erhalten. Trifft Letzteres zu, dann gilt es loszulassen: Die Gewohnheit muss um einer „größeren Einung der Seele" (Buber) willen geopfert werden.

Aus dem Gesagten wird deutlich, dass es mit punktuellen Eingriffen nicht getan ist. Sich für Entwicklung zu entscheiden, bedeutet, sich für einen unbefristeten seelisch-geistigen Wachstumsprozess zu entscheiden. Buchstäblich vom bewussten Beginn an bis zum letzten Atemzug reicht die Dimension dieses großartigen Unterfangens, weniger wäre angesichts der Größe der Aufgabe auch nicht angemessen. Denn schließlich handelt es sich – mit den Worten Gurdjieffs – um die Verwirklichung unseres Geburtsrechts.

3.6 Erläuterung der These 6

> *Wirkliche Entwicklung beginnt mit der Eigenerkenntnis der „Vorherrschenden Leidenschaft“. Sie verleiht jedem individuellen Verhalten die charakteristische Färbung und ist zugleich die Quelle der Lebensenergie eines Menschen. Als spirituelle bzw. geistige Qualität ist sie mit psychologischen Mitteln nicht zu erkennen. Es braucht eine andere Form der Wahrnehmung, nämlich das Erkennen einer spezifischen Energie.*

Von *Claudio Naranjo* stammt die nachdenklich stimmende Aussage, dass jemand viele Jahre auf der Couch eines Psychotherapeuten verbringen könne, ohne auch nur eine blasse Ahnung von seiner Vorherrschenden Leidenschaft zu bekommen oder ihr dort jemals begegnet zu sein. Die wirklich neue Qualität der EntwicklungsArbeit mit dem Enneagramm liegt in der Betonung eben dieser seelisch-geistigen Kraft und im Nachweis ihrer alles durchdringenden Wirkung. Sie ist keine Entdeckung der Moderne, sondern war bereits in der Antike Bestandteil der sog. *Philokalie*, also dem Ursprung der heutigen Psychologie. Die Trennung von Seele und Geist gab es damals noch nicht und mithin auch nicht die in ihr enthaltene Beschränkung der Erklärungstiefe.

Im Fokus der akademischen Psychologie befinden sich die Verhaltensebene und die darunter liegende Ebene der Motive; die Vorherrschende Leidenschaft ist hingegen keine seelische, sondern eine geistige Qualität. Sie liegt deshalb außerhalb des psychologischen Blickfeldes. Dieser Zusammenhang lässt sich durch folgendes Beispiel aus unserer digitalen Alltagswelt illustrieren: Durch einen Tastenklick erzeuge ich einen Buchstaben in Kleinschreibung. Will ich ihn in Großschreibung haben, muss ich die Umschalttaste drücken. Durch sie wird eine neue logische Ebene hinzugefügt. Will ich zusätzlich Sonderzeichen in den Text einfügen, muss ich eine weitere logische Ebene betreten, also gleichsam eine darunter liegende dritte Zeichenebene öffnen. Dies geschieht, indem ich z. B. die Alt-Taste betätige. Genauso verhält es sich mit der Vorherrschenden Leidenschaft: Sie liegt – hierarchisch gesehen – auf einer dritten Ebene, nämlich unterhalb der Motive und des von ihnen ausgelösten Verhaltens. Sie steuert diese beiden Ebenen, aber sie tut noch mehr: Sie verleiht ihnen sowohl die charakteristische Färbung als auch die energetische Aufladung, kurz: die Unverwechselbarkeit, zumindest für diejenigen, die sie zu erkennen gelernt haben.

Als Beispiel mögen die nicht leicht auseinanderzuhaltenden Vorherrschenden Leidenschaften der Ennea-Muster ZWEI und DREI (*Hochmut/Stolz* und *Eitelkeit*) dienen: Definitionsgemäß ist Stolz die bereits feststehende Überzeugung von der eigenen Überlegenheit. Eitelkeit ist hingegen der Wunsch, in anderen eine solche Überzeugung zu wecken. Demnach ist Stolz die von innen kommende, unmittelbare Hochschätzung seiner selbst; hingegen ist Eitelkeit das Streben, diese Hochschätzung von außen her, also indirekt zu erlangen. Dass diese verschiedenen geistigen Ausgangslagen vollkommen unterschiedliche Motivstrukturen und Verhaltensstrategien erzeugen, liegt auf der Hand: zur Selbstgefälligkeit neigende Überheblichkeit und Anmaßung auf der einen, Beifall heischende Leistungsorientierung mit narzisstischer Tendenz auf der anderen Seite.

Ähnlich erhellend ist die genaue Betrachtung der anderen Vorherrschenden Leidenschaften: Zorn, Neid, Geiz, Furcht/Zweifel, Völlerei, Wollust und Acedia. Auch durch sie werden sowohl die Verhaltensebene als auch die darunter liegende Motivationsebene in einen größeren Zusammenhang eingebettet. Dadurch entstehen für diejenigen, die sich für die Eigentümlichkeiten menschlichen Verhaltens interessieren, neue und zusätzliche Möglichkeiten, sogar in absonderlich anmutenden Verhaltensweisen eine gewisse Plausibilität zu entdecken. Der größte Wert liegt jedoch eindeutig auf der Nutzerseite: Das Verständnis meiner Vorherrschenden Leidenschaft ermöglicht es mir, gleichsam den Schlüssel zu meinem innersten Funktionieren zu entdecken.

In der jüdisch-christlichen Tradition haben die Vorherrschenden Leidenschaften eine lange Rezeptionsgeschichte. Speziell in der christlichen Linie sind sie mit den *Sieben Todsünden* assoziiert. Dieser Umstand ist u. a. dafür verantwortlich, dass Menschen, die erstmals mit der Enneagramm-Idee in Berührung kommen, gleich zu Beginn die volle Wucht der schwer verdaulichen Inhalte zu spüren bekommen und davon leicht kopfscheu gemacht werden können. Ihre Klage: „Das ist ja alles nur negativ!“ ist nur zu verständlich. Für die Menschen aber, die ernsthaft mit dieser Idee Selbst-Entwicklungsarbeit beginnen wollen, sind die Vorherrschenden Leidenschaften der Königsweg. Als Quelle unserer Lebensenergie enthalten sie alles, was uns ausmacht und was wir zum Leben brauchen – allerdings wild, ungezähmt und im Übermaß. Entwicklung bedeutet, diese unverwüstliche Kraft zu domestizieren und ihr gleichsam Zügel anzulegen.

3.7 Erläuterung der These 7

> *Wir Menschen sind nicht die Schöpfer unserer selbst, sehr wohl aber die Verwirklicher eines in uns bereits von unserem Beginn vorhandenen Potenzials. Wir sind – mit Gurdjieffs Worten – ein Sich-selbst-entwickelnder-Organismus. Ohne dieses Bemühen bleibt unser Potenzial latent; es verharrt in Wirkungslosigkeit. Selbst-Entwicklung setzt jedoch richtige Selbsterkenntnis zwingend voraus.*

Claudio Naranjo berichtet, es sei einer seiner wichtigsten Beweggründe für die aktive Verbreitung der Enneagramm-Idee gewesen, das Monopol der Psychotherapie für die seelische Gesundheit von Menschen zu brechen. (Damals befand sich dieses Monopol überwiegend in Händen von Psychoanalytiker/-innen). Als Mitbegründer der Humanistischen Psychologie war es ihm ein Anliegen, einer ihrer zentralen Annahmen mit adäquaten Werkzeugen auszustatten, nämlich, dass wir Menschen ein riesiges Entwicklungspotenzial besitzen, welches es gezielt zu aktivieren gilt.

In dem, was er von *Oscar Ichazo* in Arica (Chile) über die Enneagramm-Idee gelernt hatte, glaubte er, dieses Potenzial erkannt zu haben. Vereinfacht ausgedrückt, kam er zu der Überzeugung, dass seelische Gesundheit entstehen kann, wenn ein Mensch die begrenzenden und entwicklungshemmenden Bedingungen in seinem Inneren erkennen lernt und ihm Wege aufgezeigt werden, diese zu überwinden und durch bessere zu ersetzen. Die Enneagramm-Idee taugt also nach Naranjos Einschätzung gleichsam als Betriebshandbuch für die Selbstverbesserung.

In grundsätzlicherer Form findet sich die Charakterisierung des Menschen als „Sich-selbst-entwickelnder-Organismus“ bereits bei Gurdjieff und bildet die zentrale Säule der von ihm entwickelten Arbeit im Vierten Weg. Er unterstellt, dass sich an der Selbst-Entwicklung gewissermaßen das Schicksal des Menschen entscheidet: Nimmt er sie als Aufgabe an, kann er die Fähigkeiten aufs Neue ausbilden, die ihn mit dem Zustand der Ganzheit rück-verbinden. Diese Fähigkeiten verloren zu haben, war der Preis für seine Individuation. Nimmt er die Aufgabe der Selbst-Entwicklung nicht an, kann er physisch zwar relativ problemlos überleben, verbringt seine Alltage jedoch in einer Art automatenhafter Trance, durch die er zum Spielball für alle möglichen Einflüsse des Lebens wird. Der innere Automat produziert Wünsche und Bedürfnisse. Aus ihnen leiten sich Gedanken ab und aus diesen wiederum entstehen unterschiedliche und sich widersprechende „Willen“.

Der entwickelte oder bewusste Mensch hat einen wirklichen Willen ausgebildet. Diesem gehorchen seine Denkfunktionen und diesen wiederum seine emotionalen Kräfte und Bedürfnisse. Sein Körper richtet sich nach seinen Bedürfnissen und Gefühlen, doch auch sie werden vom Verstand und der Intelligenz dieses Menschen kontrolliert. Kurz: Er übt wesentlich mehr Kontrolle über sein Leben aus, als es der von innerer Mechanik automatenhaft gesteuerte Mensch jemals tun kann. Gurdjieff vergleicht den nicht-entwickelten Menschen mit einer Eichel, die vom Baum fällt, achtlos am Boden liegenbliebt und schließlich vom Schwein gefressen wird, obwohl in ihr das gesamte Potenzial enthalten ist, das es braucht, um eine große und kräftige Eiche zu werden.

Auch wenn es schon fast zum Mantra wird: Wie die Freiwilligkeit ist die genaue Selbstbeobachtung eine fundamentale Bedingung für die gelingende Selbst-Entwicklung. Aus Ersterer erwächst die zutreffende Selbsterkenntnis. Sie wiederum ist ein attraktiver Ausdruck wachsender Souveränität und Würde eines Menschen – eine der Früchte seiner Bemühungen um Selbst-Entwicklung.

3.8 Erläuterung der These 8

Selbst-Entwicklung geschieht nur dann nachhaltig, wenn neben der Erkenntnis der vorherrschenden Leidenschaft auch deren spiritueller Sehnsuchtsort, die „Holy Idea"[6] des Musters, einbezogen wird. Besonders hilfreich hat sich die Arbeit mit deren Ableitungen, z. B. dem „Seelenkind" und dem „Idealisierten Aspekt" erwiesen. Auch die Erkenntnis der eigenen Mustervariante kann für die Selbst-Entwicklung hilfreich sein.

„Das Enneagramm ist ein psycho-spirituelles System": Durch nichts anderes könnte diese Behauptung mehr Glaubwürdigkeit gewinnen als durch die Hinzunahme und Ausarbeitung der spirituellen Dimension zum „Enneagramm der Persönlichkeit". Für die Frage der Entwicklung hat das eine weitreichende Bedeutung: Die spirituelle Dimension liefert uns auf einer zugleich subtileren wie komplexeren Ebene eine Vergewisserung, ob die Richtung unserer Entwicklung stimmt oder nicht. Die Begegnung mit den Inhalten der Holy Idea des eigenen Ennea-Musters löst eine emotionale Reaktion aus, die den meisten Menschen so bisher nicht begegnet ist. Sie beschreiben es mit Begriffen wie „Nachhause kommen", „mit einer Ur-Melodie in Kontakt kommen", „in der Tiefe berührt werden", „erschüttert und ergriffen werden". Bemerkenswert ist, dass es sich bei der Holy Idea um Inhalte einer Ebene handelt, die mit unserem gewöhnlichen Verstand kaum oder gar nicht zu erfassen sind – und dennoch finden diese intensiven Reaktionen statt.

Qualitativ anders sind die Inhalte des *Seelenkindes* und des *Idealisierten Aspekts* der Holy Idea verortet. Zu Ersterem ist der Kontakt durch bloße Rückerinnerung herzustellen. Durch diese Bewusstwerdung kann ich dessen Wirken auch im Hier und Jetzt jederzeit bestätigt finden. Die Auseinandersetzung mit dem, was über mein Seelenkind ausgesagt wird, kommt mit mir allerdings nur dann in heftige Resonanz, wenn ich im richtigen Muster-Zuhause suche. Andernfalls lässt es mich eher kalt und unberührt. Suche ich an der richtigen Stelle, ist der vorherrschende Eindruck: „So wäre ich hin und

6 In meinem Buch: „Wie anders ist der Andere?" habe ich erläutert, weshalb *Holy Idea* nicht mit *Heilige Idee* übersetzt werden kann: *Holy* meint hier „objektiv", „frei von Verzerrung". Ich habe mich deshalb für die Beibehaltung des Originalbegriffs entschieden.

wieder gerne – aber ich traue mich nicht!“ Unser konditioniertes Gewissen (übernommene Normen, Regeln, Meinungen von Autoritäten) tritt gleichsam auf die Bremse. Weil das Seelenkind noch einen Zugang zu unserem essenziellen Wesenskern besitzt, fühlt es sich lebendiger an als unsere erworbene Persönlichkeit. Im Kontakt mit ihm sind wir mehr „mit dem Herzen“ bei den Dingen und Ereignissen, die uns alltäglich begegnen.

Der *Idealisierte Aspekt* der Holy Idea meines Musters ist der gutgemeinte Versuch, die verlorene Verbindung mit der eigenen Essenz wiederherzustellen, allerdings mit Mitteln, die zur sicheren Verfehlung des gewünschten Zieles führen. Einmal für das eigene Muster erkannt, gibt der Idealisierte Aspekt dem entwicklungsbereiten Menschen einen wirkmächtigen Hebel in die Hand. Er erlaubt es ihm, gerade dann innezuhalten und die Richtung zu ändern, wenn die Verwicklung akut zu werden droht.

An der Bedeutung der *Mustervarianten* scheiden sich die Geister. Während manche Autoren propagieren, dass man deren Bedeutung gar nicht überschätzen könne, halten andere sie für ein künstliches Anhängsel der Enneagramm-Idee. Neutral betrachtet wirken sie wie eine dreifache Differenzierung der Vorherrschenden Leidenschaft des Musters und erhalten von ihr die spezifische Färbung. Ihre Trennschärfe erschließt sich jedoch nicht so leicht – gleichwohl ist sie vorhanden. Der bereits um sein Muster wissende Mensch wird aus ihrer Anwendung den meisten Gewinn ziehen können.

3.9 Erläuterung der These 9

> *Musterübergreifend gilt, dass der geistige Nährboden für die Entwicklungsarbeit ständig neu bereitet werden sollte. Das geschieht insbesondere durch Achtsamkeit für den individuellen Umgang mit negativen Emotionen und der bewusst eingesetzten Nicht-Identifizierung. Und keineswegs trivial ist die Empfehlung, Entwicklung in kleinen Schritten anzugehen.*

Wer den Weg bis hierhin gegangen ist, hat jedes Recht erworben, die Früchte seiner Selbstentwicklungs-Arbeit genießen zu dürfen. Der gröbste und schmerzhafteste Teil der Arbeit ist getan, und die kränkende Erkenntnis, dass

Selbstbild und Fremdbild nicht zusammen passten, muss kein zweites Mal erlebt werden. Vor allem dann nicht, wenn sie beim ersten Gewahr-Werden beherzt und mutig angeschaut, durchlitten und mit ihr Frieden geschlossen wurde. Aber wie für alles Lebendige gilt auch für das erreichte Entwicklungsstadium, dass es keine natürliche Bestandsgarantie gibt und es sie niemals geben kann. Vielmehr muss aktive Vorsorge getroffen werden, und diese richtet sich insbesondere auf vergleichsweise unspektakuläre Phänomene, denn – wie gesagt – die spektakulären Veränderungen und Durchbrüche sind ja in diesem Stadium bereits ein Besitzstand eigener Erfahrung.

Wenn die bisherige Arbeit mit einer Entrümpelung der inneren Räume und dem Abstützen und dauerhaften Sichern ihrer zum Teil in bedrohliche Schieflage geratenen Mauern vergleichbar ist, dann geht es jetzt darum, ihre erneute Vermüllung zu verhindern. Anders gesagt: die inneren Räume in einem Zustand zu halten, der zumindest relativ ordentlich und übersichtlich ist. Das gelingt mit erheblich geringerem Aufwand als er früher betrieben werden musste: Einfach nur jeden Tag ein bisschen fegen, und die erworbene Grundordnung ist bereits leicht zu stabilisieren. In diese tägliche Kontrolle darf sich allerdings kein Schlendrian einschleichen, denn er schwächt gleichsam das Immunsystem des inneren „Ordnungsbeauftragten“ und infiziert seinen „Ordnungssinn“.

Rückübersetzt in unseren vertrauten Sprachgebrauch heißt das: Wenn ich anfange zu glauben, dass ich auch ohne tägliche Wachheit und Achtsamkeit auskomme, erzeuge ich aktiv den Nährboden, auf dem der Rückfall in bereits überwunden geglaubte Entwicklungsstadien wachsen kann und begierig wächst. Denn sobald ich wieder anfange, die Lösung akut auftretender Probleme auf morgen zu verschieben, öffne ich ein Einfallstor für eine Zustandsverschlechterung, der Gurdjieff den Namen „Krankheit Morgen“ gegeben hat. Zu Zeiten der Philokalie lautete deshalb bezeichnenderweise die Empfehlung für Menschen, die wir heute dem Muster EINS zuordnen würden: „Die Sonne soll nicht untergehen über deinem Zorn!“

Gurdjieff legt allergrößten Wert darauf, dass wir elementare Bedingungen unseres Seins verstehen lernen, weil seiner Meinung nach sonst keine wirkliche Entwicklung möglich ist, z. B. hinsichtlich der Frage, welche Rolle das Leiden in unserem Leben spielt. Er glaubt, dass die Menschheit wie ein Süchtiger an ihrem Leiden klebt, und dass sie nicht bereit ist, diese Sucht zu opfern. Der suchtartigen Verschmelzung mit dem Leiden liegt unsere merkwürdige Geneigtheit zu negativen Emotionen zugrunde. Letztere haben wir von klein auf durch Nachahmung von unserer Umwelt übernommen. Die negativen Emotionen wiederum halten uns im Bann der Teilpersönlichkeiten, die – wie oben gesagt – frech und ungeniert behaupten, das Ganze zu repräsentieren. Die Verbindung zu unserem wahren Selbst kann so nicht entstehen.

Ein weiteres Beispiel entwicklungshemmender Faktoren ist unsere Identifizierung mit Gedanken, Gefühlen und Handlungen. Sie führt dazu, dass wir den Teil, mit dem unsere Persönlichkeit gerade identifiziert ist, für das Ganze bzw. für unser wahres Selbst halten. Im Effekt entstehen daraus bestenfalls Ego-Wucherungen, keinesfalls aber seelisch-geistiges Wachstum. All diesen Beeinträchtigungen, die im nicht-entwickelten Zustand als „normal" erlebt werden, kann nur mit einem einzigen Mittel begegnet werden: der Schaffung eines *Beobachter-Ichs*. Selbst-Beobachtung trennt uns innerlich vom Beobachteten, schafft Distanz zu dem, was uns vorher in seinen Bann gezogen hatte; sie öffnet die verschüttete Verbindung zu unserer Essenz bzw. unserem wahren Selbst. Dieses Wieder-Gewahr-Werden wird deshalb in der Arbeit im Vierten Weg als *Selbst-Erinnerung* bezeichnet.

Das Sorgenpäckchen

Bei einem Erdbeben kamen viele Menschen ums Leben und erschienen nun vor den himmlischen Toren. Petrus ließ sie ein und forderte sie auf, es sich recht gemütlich zu machen, jeder sollte sein Sorgenpäckchen vor sich hin stellen und sich wohlfühlen. Sorgen brauche man hier oben nicht mit sich herumzutragen. Er komme gleich wieder und werde dann jedem seinen Platz zuweisen. Er holte das große Buch, in dem ein jeder drinsteht, warf einen Blick hinein – und fing an, Entschuldigungen zu stottern. Sie seien alle aus Versehen in den Himmel gekommen, es sei noch gar nicht ihre Zeit, er müsse sie leider, leider wieder auf die Erde schicken. Aber da sie nun diese Ungelegenheiten gehabt hätten, stelle er ihnen frei, irgendeines dieser Sorgenpäckchen mitzunehmen, es brauche nicht das eigene zu sein. Aber alle nahmen ihr eigenes wieder mit. „Das gehört mir! Das ist meines!"

(Ayya Khema: Buddha ohne Geheimnis. Die Lehre für den Alltag. Zürich 1986, S. 28)

3.10 Erläuterung der These 10

Selbst-Entwicklung gelingt paradoxerweise nicht ohne ein Du: Es braucht die Spiegelung im Anderen. Deshalb ist es richtig, wenn gesagt wird: „Niemand kann einen Anderen weiterbringen als er mit sich selbst gekommen ist; gleichwohl vermag er mit sich selbst nicht weiterzukommen als er den Anderen zu bringen wagt."

Eine wesentliche Erkenntnis der Menschen, die mithilfe des Zwölf-Schritte-Programms der AA einen Weg zur Genesung gefunden haben, lautet: „Nur Du allein schaffst es, aber Du schaffst es nicht alleine." Was wie ein bloßes Wortspiel klingt, bedeutet auf einer tieferen Verstehens-Ebene etwas sehr Wichtiges: Der Wille zur Genesung und die erforderlichen Taten müssen zwar ausschließlich vom Betroffenen selbst ausgehen, denn er allein leistet die alles entscheidende Veränderungsarbeit. Doch diese Leistung reicht nicht aus, um der Genesung eine nachhaltige Basis zu geben. Es braucht die Rückbindung zu dem oder den Anderen.

Genesung ist – wahrscheinlich wie die Krankheit als ihr Gegenstück – ebenfalls ein zwischenmenschliches Geschehen von hoher Komplexität. Diese Einsicht drängt sich geradezu auf, auch wenn wir vielleicht nicht bis ins Einzelne analysieren können, welche Faktoren hier tatsächlich am Werke sind. Die Erkenntnis ist durch millionenfache Genesungsprozesse bewährt und beglaubigt; sie wurde dem Leben durch nüchterne Beobachtung abgetrotzt und abgeschaut. Dies erlaubt es uns, sie auf jeden seelisch-geistigen

Entwicklungsprozess zu übertragen – mithin auch auf die Selbst-Entwicklungsarbeit mithilfe des Enneagramms.

Selbst-Entwicklungsarbeit ist das genaue Gegenteil eines Ego-Trips, denn dieser ist lediglich geeignet, Verwicklung zu erzeugen, also die Teilpersönlichkeiten zulasten des geeinten Ich wuchern zu lassen, Selbst-Mitleid, Selbstbespiegelung und selbstsüchtiges Verhalten zu vermehren, sich selbst „in den Schlaf" zu lügen, sich übermäßig zu identifizieren usw. Alle diese seelisch-geistigen Wucherungen müssen gleichsam „geopfert" werden, so verlockend und belohnend deren Effekte situativ auch immer sein mögen.

Selbst-Entwicklungsarbeit hat zum Ziel, die Verbindung zum wahren Selbst wiederherzustellen. Das wahre Selbst ist keine Monade, es leidet unter keiner Vereinzelung und es ist nicht vom Anderen isoliert, im Gegenteil: Das, was wir unsere Essenz nennen, ist Teil des großen Ganzen, ist selbst ein Ausdruck der Allverbundenheit von allem. Unsere falsche Persönlichkeit braucht die Illusion des Getrenntseins, um ihre Existenz rechtfertigen zu können. Ein Mensch, der auf seinem Entwicklungsweg das Geschenk der Rückbindung mit seinem wahren Selbst erlebt, ist für seine Umwelt ein Gewandelter: Die von ihm ausgehende Energie hat etwas Friedfertiges und Befreiendes, seine innere Einung wirkt auf andere anziehend und Hoffnung stiftend zugleich. Sein Beispiel hilft ihnen zu glauben, dass sich diese höchst anspruchsvolle Arbeit „lohnt".

Dieser Mensch ist für sie zugleich das denkbar überzeugendste Beispiel. Und als solches bewirkt er mehr als alle Worte, Verführungen, Beschwichtigungen und Überredungskünste es jemals könnten. Diese Wirkung kommt wiederum zu ihm selbst zurück. Voller Dankbarkeit wird er sie registrieren und heiter in seiner neugewonnenen Überzeugung bestärkt werden, „dass das Leben uns nichts schuldet, wir ihm hingegen alles" (Gurdjieff).

Er wird auf der geistigen Ebene auf eigentümliche Weise gleichsam durch ein Kreuz stabilisiert. Dessen horizontale Achse verbindet ihn mit dem Du seiner Mitmenschen, weil Erkennen und Verstehen von deren Anderheit ihm fortan keine Bedrohung mehr ist und nicht mehr werden kann; er will und kann zum wirklichen Gegenüber, zum Gegen-Wartenden werden. Er wird zur „Umfassung des Anderen“ (Buber) fähig und braucht ihn nicht mehr – wie vordem – als Es, um sich ihm überhaupt nähern, letztlich ihn aber doch nur *benutzen* zu können. Die vertikale Achse des Kreuzes verbindet ihn – mit Bubers Worten – mit seinem großen DU, der Instanz, deren Wille es war und ist, aller Geschöpflichkeit ihr Sein und ihren Sinn zu verleihen.

4. Entwicklungsziele oder: Das Beste, was aus mir werden kann

Was ist das Ziel aller vorgenannten Anstrengungen? Den inneren Frieden zu finden und ihn von dort aus mit der Welt zu suchen – so hat es Martin Buber in seinem „Weg des Menschen“ benannt. Enneagrammatisch gesehen hat dieser innere Ort eine neunfache Gestalt, und es wäre gewiss nützlich, das jeweils subjektive Entwicklungsziel in so prägnanter Gestalt vor Augen zu haben, dass vor lauter Entwicklungsziel-Bäumen der Entwicklungs-Wald dennoch nicht aus dem Blick geraten kann. Ideal wäre es für diesen Zweck, neun Ziele derart zu verdichten, dass sie uns gleichsam wie eine Leuchtschrift vor Augen stehen und uns jederzeit zur bewussten und orientierenden Entscheidung dienen können.

Mein Lösungsversuch sieht folgendermaßen aus: Ich verknüpfe jeweils zwei Qualitäten bzw. Eigenschaften auf eine Weise miteinander, dass ihre Zusammensetzung genau den Zustand abbildet, den ein Navi mit: „Sie haben ihr Ziel erreicht!“ benennen würde. Anders formuliert: Der Begriff soll das Entwicklungsziel möglichst unmissverständlich vor Augen führen.

Martin Buber

(geb. 08.02.1878 in Wien – gest. 13.06.1965 in Jerusalem)

Bubers philosophisch-theologisches Werk hat gleichsam drei Säulen:

- das Tiefenverständnis der chassidisch-jüdischen Frömmigkeit,
- die Übertragung der hebräischen Bibel (sog. AT) in eine deutsche Sprachform, die den Geist des ursprünglich Gemeinten atmet,
- seine Dialogphilosophie.

Mit Letzterer hat Buber wohl die nachhaltigste Wirkung erzielt. Die grundlegende Unterscheidung zwischen „Ich und Du" einerseits und zwischen „Ich und Es" andererseits hebt hervor, dass es zwei völlig verschiedene Weisen des Umgangs mit dem Anderen gibt: als mein Nächster (mein „Genosse mir gleich") oder als Jemand bzw. Etwas, das ich gebrauchen und benutzen kann.

Gerade diese Unterscheidung bildet das ideale geistige Dach, um uns für einen auf Mitmenschlichkeit zentrierten Umgang mit der Enneagramm-Idee zu sensibilisieren.

(In „Wie anders ist der Andere?" habe ich mich auf den Seiten 172 bis 192 intensiv mit Bubers Werk und dessen möglichen Verbindungslinien zur Enneagramm-Idee beschäftigt.)

4.1 Menschen des Musters ZWEI: EntwicklungsHelfer

Am Beispiel meines eigenen Ennea-Musters lässt sich das folgendermaßen verdeutlichen: Wir ZWEIer-Menschen haben unser Entwicklungsziel erreicht, wenn wir nachhaltig aufgehört haben, im Brustton unerschütterlicher Selbstgewissheit grenzüberschreitend in anderer Leute Angelegenheiten einzugreifen und reflexartig vermeintlich zu „helfen", ohne am Anderen wirklich Maß genommen zu haben. Unsere *Vorherrschende Leidenschaft* (Hochmut/Stolz) macht uns nämlich glauben, dass dieses Verhalten bei Anderen höchst willkommen sei, mehr noch: Sie seien existenziell auf unsere „Eingriffe" angewiesen. Unser geistiges Hochmuts-Gewebe ist, während wir handeln, gegen Selbstzweifel ziemlich undurchlässig. Andererseits muten wir uns im zwischenmenschlichen Bereich aber genau deswegen Herausforderungen von solch großer Komplexität zu, die Menschen anderer Ennea-Muster veranlasst, einen weiten Bogen um sie zu machen.

Es musste in uns also Vieles an Selbst-Reflexion vorangehen, z. B. dass wir es als unsinnig erkannt haben, von uns und unseren eigenen Bedürfnissen auf den Anderen und dessen Bedürfnisse hochzurechnen. Schmerzhaft war die Begegnung mit unserem *Seelenkind* („Neidzicklein"), führte es uns doch eindringlich vor Augen, dass hinter unserer Fassade aus liebevoller Zuwendung, Freigiebigkeit und Hilfsbereitschaft ein konkurrierender, neidischer und boshafter Seelenanteil lauert. Er kann gehässig, lästernd, rachsüchtig und eingeschnappt sein. Und vieles von unserer so rein und selbstlos vorgestellten Motivation geriet durch diese Begegnung in ein weniger attraktives Licht.

Mit diesem Anteil in Kontakt zu kommen, verlieh unserer Entwicklung einen gehörigen Schub, dessen Energie durch die Auseinandersetzung mit dem *Idealisierten Aspekt* unseres Musters noch verstärkt wurde: *Verschmelzendes Gold* („Merging Gold") beschreibt einen Zustand der ekstatischen Einswerdung, einer alles Trennende aufhebenden Verbindung. Diesen zentralen Seins-Aspekt unseres Musters imitieren wir z. B. durch den Versuch, jemand zu sein, den andere lieben und wertschätzen *müssen.* Das geht selbstverständlich nur über viele Zugeständnisse. Und diese wiederum führen in die Abhängigkeit, die unversehens zur Einschränkung der Freiheit wird und heftigen Groll gegen die entstehen lässt, von denen wir uns nunmehr abhängig fühlen.

Die Begegnung mit unserer *Holy Idea* (*Holy Will* und *Holy Freedom*) besaß unabweisbar die Kraft, die hochmütig verschobenen Proportionen in unserem Inneren zurechtzurücken. Wir bekamen eine Ahnung davon, dass alles, was geschieht, auch geschehen soll, gelenkt von einem Willen, der unendlich größer ist als unsere Anmaßung jemals sein könnte. Wahre Freiheit – so konnten wir lernen – kann nur darin bestehen, selbst Teil dieses großen Willens zu werden und im Einklang mit dieser Kraft zu fließen. Nach all diesen „reinigenden Filtern" war es uns irgendwann möglich, den Anderen in seinem Sosein wirklich wahrzunehmen und genau zu erkennen, wo er steht und was er braucht.

Das Edelste, was wir ZWEIer-Menschen also tun können, wäre, eine passgenau dosierte Form der Zuwendung zu finden, die dem Anderen als Du begegnet – mit den Worten Bubers: ihn wirklich meint und umfasst. Die unter den edlen Taten zweifellos bedeutsamste wäre es, wirklich hilfreich zur *Entwicklung* des Anderen beizutragen, ihm also zur Entwicklung zu verhelfen. Aus uns wäre somit ein Entwicklungs-Helfer geworden, aber nicht in der gewohnten Bedeutung des Wortes, sondern in einer ungleich subtileren: Wir würden unsere eigene Entwicklung bewusst in den Dienst des Anderen stellen, denn erst durch diese Verfeinerung öffnet sich unser Blick für das wirklich Entwicklungsfördernde.

Und um diesen komplexen Hintergrund zu verdeutlichen und ihn von der normalen Bedeutung des Begriffes zu unterscheiden, heißt unser Entwicklungsziel also

EntwicklungsHelfer.

Die Schreibweise symbolisiert die (typografische) Abbildung einer wirklich durchlaufenen Entwicklung. Nach meiner Einschätzung ist die oben genannte Absicht, das „Entwicklungsziel in Leuchtschrift vor Augen“ zu führen, erreicht: Es besitzt einen hohen Aufforderungscharakter, es motiviert, es ist leicht zu merken, und ihm geht das Wedeln mit dem moralin-getränkten Zeigefinger ab. Im Gegenteil: Es lädt kontinuierlich zur selbstironischen Distanzierung ein.

Denselben Maßstab möchte ich an die Entwicklungsziele der verbleibenden acht Ennea-Muster anlegen.

DER KOCH

Fürst Wen Huis Koch war damit beschäftigt, einen Ochsen aufzuschneiden. Jeder Schlag seiner Hand, jedes Heben seiner Schultern, jeder Tritt seines Fußes, jeder Stoß seines Knies, jedes Zischen gespaltenen Fleisches, jedes Sausen des Beils, alles war in vollkommenem Einklang – gegliedert wie der Tanz des Maulbeerhains, zusammentönend wie die Klänge der Kingschou.

„Wohlgetan!“ rief der Fürst. „Dies ist wahrlich Kunstfertigkeit.“

„Euer Diener“, antwortete der Koch, „hat sich dem Tao ergeben. Das ist besser als Kunstfertigkeit. Als ich zuerst Ochsen aufzuschneiden begann, sah ich vor mir ganze Ochsen. Nach dreijähriger Übung sah ich keine ganzen Tiere mehr. Und jetzt arbeite ich mit meinem Geist und nicht mehr mit meinem Auge. Wenn meine Sinne mich innehalten heißen, aber mein Geist mich weiter antreibt, finde ich meinen Rückhalt an den ewigen Grundsätzen. Ich folge den Öffnungen und Höhlungen, die gemäß der natürlichen Beschaffenheit des Tieres da sein müssen. Ich versuche nicht, Gelenkknochen zu durchschneiden, geschweige denn große Knochen.

Ein guter Koch wechselt sein Beil einmal im Jahre – weil er schneidet. Ein gewöhnlicher Koch wechselt es einmal im Monat – weil er hackt. Ich aber führe dieses Beil seit neunzehn Jahren, und obgleich ich viele tausend Ochsen aufgeschnitten habe, ist seine Schneide, als käme sie frisch vom Wetzstein. Denn an den Gelenken sind stets Zwischenräume, und da die Schneide eines Beiles ohne Dicke ist, tut dies allein not, sie in solch einen Zwischenraum zu fügen. Hierdurch wird der Zwischenraum erweitert, und die Klinge findet Ortes genug. So habe ich mein Beil neunzehn Jahre lang erhalten, als käme es frisch vom Wetzstein.

Dennoch, wenn ich an einen harten Teil gerate, wo die Klinge einem Hindernis begegnet, sammle ich mich in Vorsicht. Ich hefte mein Auge daran. Ich halte meine Hand zurück. Sanft lege ich meine Klinge an, bis der Teil mit einem dumpfen Laute nachgibt, wie Erdklumpen, die niedersinken. Dann nehme ich mein Beil heraus, und erhebe mich, und blicke mich um, und stehe still, bis ich endlich befriedigt mein Beil abtrockne und es sorgsam beiseite tue."

„Wohl gesprochen!" rief der Fürst. „Aus den Worten dieses Kochs habe ich gelernt, wie ich für mein Leben Sorge zu tragen habe."

(Martin Buber: Tschuang Tse. Reden und Gleichnisse, S. 28 f.)

4.2 Menschen des Musters DREI: FortschrittsErmöglicher

Menschen des Musters DREI werden mit der Idee des Fortschritts, der Modernität, der Aufgeschlossenheit gegenüber allem Innovativen in Verbindung gebracht. Ihr bevorzugter Selbstverwirklichungsort ist deshalb die „Spitze der Bewegung", denn hier werden sie am besten gesehen, hier hebt sich ihre Leistung am deutlichsten von der Anderer ab, und hier haben sie deshalb die größte Chance, wunschgemäß gewürdigt zu werden. Die Affinität zum Fortschritt hat also eine nicht zu übersehende „Um-zu-Komponente" – sie ist wesentlicher Teil der Selbstvermarktungsstrategie der Menschen dieses Musters. Denn Eitelkeit, ihre vorherrschende Leidenschaft, ist der Wunsch, in Anderen die Überzeugung von der eigenen Überlegenheit zu wecken. DREIer-Menschen gelingt die Hochschätzung ihrer selbst also nur indirekt: über die Zustimmung der Anderen zu ihrer Person und ihrem Leistungsvermögen.

Sie sind bereit, dafür einen hohen Preis zu bezahlen: Sie stehen unter permanenter Anspannung und wittern ständig, „woher gerade der Wind weht". Überdurchschnittliche Leistungsbereitschaft paart sich in ihnen mit der Tendenz zur Selbstausbeutung und der Sorge um den Erhalt ihrer Leistungsfähigkeit. Sie vergleichen sich andauernd mit Anderen und setzen sich dem Stress aus, eine Gefährdung des eigenen Spitzenplatzes nicht zuzulassen. Sie sind jederzeit bereit, in Konkurrenz zu gehen – das alles selbstverständlich möglichst attraktiv und „cool". Sie pflegen einen „schönheitschirurgischen" Umgang mit der Wahrheit, wenn das Ergebnis dadurch besser gefällt und sie davon profitieren können. Sie werden zunehmend unfähig, sich über erzielte Erfolge wirklich freuen zu können. Stattdessen werten sie diese in ihrem Inneren ab und fixieren sich sofort auf die nächste Herausforderung.

Und wenn ihnen trotz aller Anstrengungen im Spiegel kein Gewinner entgegenlächelt, kann es ganz schnell vorbei sein mit der Selbst-Hochschätzung – das schwarze Gespenst Nichtswürdigkeit grinst schadenfroh um die Ecke. „Fortschritt" ist für sie Götze und Fetisch in einem. Ihm bedingungslos zu dienen, kann allerdings nicht funktionieren, ohne den geforderten Preis zu bezahlen: Auf dem Preisschild steht „Seele". Es wird ihnen zunehmend unmöglicher, auf die Frage „Wer bin ich?" eine zufriedenstellende Antwort zu geben. Nachdem sie Maske um Maske abgenommen haben, steigt in ihnen die Angst auf, dass sich hinter der letzten das große Nichts auftut.

Wenn DREIer-Menschen all dessen überdrüssig oder müde werden, kann sie die Begegnung mit ihrem Seelenkind („Angsthasi") gewahr werden lassen, dass es in ihnen einen sehr ängstlichen Anteil gibt, der die Welt als feindseligen und bedrohlichen Ort erlebt, und dass die von ihm ausgehende Energie es nicht gut mit ihnen meint. Sie können verstehen lernen, dass ihre Leistungsbemühungen eine Reaktion auf ihr ängstliches Seelenkind sind, und es genau deshalb niemals genug davon geben kann. Diesen inneren Anteil annehmen und integrieren zu können, würde es ihnen künftig unnötig machen, den ängstlichen und unreifen Teil ihrer selbst zu betäuben bzw. darüber hinwegzutäuschen. So gefestigt, kann eine innere Zuversicht entstehen, die das Gegenteil der früheren Getriebenheit darstellt. Sie zeigt sich als innere Ruhe und Absichtslosigkeit.

Unbegriffen ahmen DREIer-Menschen stattdessen eine Eigenschaft des Seins nach, die „Perle“ genannt wird. Sie bedeutet, sich als Teil des Ganzen fühlen zu können und sich als individuelle Verkörperung des Seins im Einklang mit ihm zu bewegen. Stattdessen imitieren Menschen des Musters DREI die dynamischen und kreativen Eigenschaften des Seins, indem sie eine Persönlichkeit, also gleichsam eine „künstliche Perle“, erschaffen. Mit diesem Ego-Selbst identifizieren sie sich zutiefst, und zwar so sehr, dass sie sich als vom Ganzen getrennte Eigenschöpfung verstehen. Im spirituellen Sinne ist das *vollkommene Eitelkeit*. Es bedeutet, dass die Persönlichkeit, die ja nur die äußerste Schicht ist, den zentralen Platz des Kerns einnimmt. Dort bleibt nur Leere.

Auf ihrem konsequent gegangenen Entwicklungsweg kommt ihnen irgendwann die Ahnung, dass sich das Universum auch ohne ihr Zutun als vollständiges und einheitliches Gebilde in einem ständigen Wandlungsprozess befindet, und dass sämtliche Wandlungen Teil der Entfaltung des Ganzen sind. Das meint der Begriff *Holy Law*. Dieses harmonische Zusammenspiel von allem mit allem zu erkennen, heißt, die Perspektive der *Holy Harmony* einzunehmen. Die Integration dieser beiden Perspektiven entfaltet eine Wirkung, die mit *Holy Hope* umschrieben wird: Je mehr Menschen des Musters DREI in Kontakt mit ihrer Tiefe kommen, desto mehr fühlen sie sich mit dem Universum und seinem harmonischen Wirken im Einklang. Sie lernen, dass niemand von uns etwas separat beeinflussen oder in Gang bringen kann. Sie stellen sich absichtslos in den Dienst des universellen Wandlungsprozesses: Sie werden zum

FortschrittsErmöglicher.

DIE PERLE

Der gelbe Kaiser reiste nordwärts vom roten See, bestieg den Berg Khun-Lun und schaute gegen Süden. Auf der Heimfahrt verlor er seine Zauberperle. Er sandte Erkenntnis aus, sie zu suchen, aber sie fand sie nicht. Er sandte Klarsicht aus, sie zu suchen, aber sie fand sie nicht. Er sandte Denkgewalt aus, sie zu suchen, aber sie fand sie nicht. Endlich sandte er Absichtslos aus, und es fand sie. „Seltsam fürwahr“, sprach der Kaiser, „dass Absichtslos sie zu finden vermocht hat.“

(Martin Buber: Tschuang-Tse. Reden und Gleichnisse, S. 97)

4.3 Menschen des Musters VIER: GegenwartsLiebende

Menschen des Musters VIER hadern häufiger mit der *Vergangenheit* als Menschen anderer Muster. Dort finden sie den „Stoff“, der ihr melancholisch-autoaggressives Lebensgefühl mit genügend „Wahrheitsbeweisen“ versorgt. Und weil sich von diesen Beweisen bei gründlicher Suche viele finden lassen, bestätigt sich ihr besonderes Lebensgefühl als die plausibelste Form des In-der-Welt-Seins immerfort selbst. Zum Beispiel, welche Personen oder Umstände eindeutig gegen sie gerichtet waren und verhindert haben, dass sie ihre wahren Bedürfnisse verwirklichen konnten. Fraglos tragen diese die Schuld an den Schwierigkeiten, die für sie daraus erwachsen sind.

Zukunft ist die Projektionsfläche ihrer Sehnsucht. Dann werden die Bedingungen so sein, wie sie es schon immer für erstrebenswert gehalten haben: Endlich fühlen sie sich zutiefst mit dem Wesen der Welt und der Dinge in ihr verbunden, endlich haben sie *ihren* Ort in der Welt gefunden. Das Verhängnis: „Kein Ort. Nirgends“[7] verliert seinen Schrecken. *Gegenwart* erfüllt in der Regel keine dieser Bedingungen, oder es fehlt meistens die entscheidende Nuance. Deswegen ist sie vergleichsweise banal und eigentlich nicht der

7 *Christa Wolf* erzählt unter diesem Titel die fiktive Begegnung der deutschen Dichtergestalten der Romantik *Heinrich von Kleist* und *Karoline von Günderrode*.

Rede wert. Sie bietet ihnen keine Chance für das, was sie unter Selbstverwirklichung verstehen. Sie möge einfach nur vorbeigehen!

Kommen VIERer-Menschen mit ihrer *Vorherrschenden Leidenschaft*, dem Neid, in Kontakt, werden sie sich erstmals bewusst, dass sie sich vor allem nach dem sehnen, was ihnen fehlt. Alles, was sie gut und wertvoll finden, scheint außerhalb ihrer selbst zu liegen. Dieses Fehlende erzeugt ein übermäßiges Verlangen. Da es jedoch tabuisiert wird, entsteht eine elementare Frustration, die letztlich für ihr auffallend negatives Selbstbild verantwortlich ist.

Noch mehr Aufschluss über diese inneren Zusammenhänge bekommen VIERer-Menschen, wenn sie die Begegnung mit ihrem *Seelenkind* („Controlletti") wagen. Dieser Seelenanteil verkörpert einen kleinen, aber gestrengen Tugendbold. Er achtet peinlich genau darauf, dass alles ordentlich, fair und korrekt zugeht. Er wird in einer selbstgerechten und kleinlich-pingeligen Weise zornig, wenn dagegen verstoßen wird. Unbegriffen verstärkt das Seelenkind das negative Selbstbild der VIERer-Menschen, denn solange dieser Anteil nicht akzeptiert bzw. integriert ist, kommt er ihnen als ihr größter Makel vor. Und dieser verstärkt wiederum ihre Neigung zur Selbstanklage und zum Selbsthass. Wird ihnen das Wirken ihres Seelenkindes bewusst, erkennen sie ihre Neigung zu Rechthaberei und Kontrolle.

Und je mehr dieses Bedürfnis in den Hintergrund tritt, desto mehr erkennen sie, wie sehr sie selbst und die vermeintlich mängelbehafteten Dinge bereits in Ordnung sind. Diese Einsicht hilft ihnen, sich allmählich aus dem – für sie normalen – Grundgefühl der Entfremdung und Verlorenheit zu lösen. Einmal wirklich auf diesen köstlichen Geschmack gekommen, könnte sich in ihnen allmählich eine wirkliche Revolution vollziehen: Voller Freude in diesem Moment wirklich präsent zu sein; zu spüren, was es bedeutet, in der eigenen Mitte angekommen und mit dem Sein eins zu werden. Das würde sie von ihrer fast zwanghaften Fixierung an ihre Vergangenheit befreien und sie befähigen, mit den genau in diesem Moment vorgefundenen Umständen im inneren Einklang zu sein. Diese Qualität wird in der spirituellen Dimension des Enneagramms als *Existenzieller Funke* (Point of Existence) bezeichnet.

Wie Menschen aller anderen Ennea-Muster bleibt auch VIERer-Menschen im unbegriffenen Zustand nichts anderes übrig, als diese Seinsqualität zu *imitieren*. In ihrem Fall geschieht das durch Bemühungen, originell, kreativ, authentisch und spontan zu erscheinen, also so, als seien sie etwas Besonderes und Einzigartiges. Weil sie Echtheit und Authentizität für sich anstreben, zweifeln sie nicht am Realitätsgehalt und der Wirklichkeitsnähe ihrer Emotionen; sie sind von der Richtigkeit ihrer Reaktionen überzeugt. Die Intensität, mit der sie sich ihren Mitmenschen „zumuten", führt nicht selten zur Vereinsamung. Diese wiederum löst ein verstärktes Sehnen nach Verbundenheit mit Anderen aus, und macht sie höchst empfindlich für verborgene Signale möglicher Vernachlässigung. Andere scheinen unverdient sowieso all das zu haben, was sie für sich ersehnen; diese Zuschreibung wiederum macht sie unzufrieden und melancholisch.

Ein wirklicher Ausweg aus diesen alltäglichen Teufelskreisen kann also nur darin bestehen, die Verbindung mit der eigenen Mitte aufzunehmen. Die Qualität dieser Verbindung umschreibt die *Holy Idea* der Menschen des Musters VIER mit „Holy Origin". Gemeint ist, dass alles Leben aus einer gemeinsamen Quelle stammt, und dass alle individuellen Lebewesen zu dieser Quelle zurückkehren. Weil alles Sein mit dieser Quelle untrennbar verbunden ist, ist Abgetrennt-Sein mithin eine Illusion. Wenn Menschen dieses Musters lernen, im jeweiligen Moment wirklich präsent zu sein und sie auch tatsächlich dazugehören wollen, werden sie zu

GegenwartsLiebenden.

DER GLOCKENSPIELSTÄNDER

Khing, der Meister der Holzarbeiter, schnitzte einen Glockenspielständer. Als es vollendet war, erschien das Werk allen, die es sahen, als sei es von Geistern geschaffen. Der Fürst von Lu fragte den Meister: „Welches ist das Geheimnis in deiner Kunst?“

„Euer Untertan ist nur ein Handwerker“, antwortete Khing, „was für ein Geheimnis könnte er besitzen? Und doch ist da etwas. Als ich daranging, den Glockenspielständer zu machen, hütete ich mich vor jeder Minderung meiner Lebenskraft. Ich sammelte mich, um meinen Geist zur absoluten Ruhe zu bringen. Nach drei Tagen hatte ich allen Lohn, den ich erwerben könnte, vergessen. Nach fünf Tagen hatte ich allen Ruhm, den ich erwerben könnte, vergessen. Nach sieben Tagen hatte ich meine Glieder und meine Gestalt vergessen. Auch der Gedanke an euren Hof, für den ich arbeiten sollte, war geschwunden. Da sammelte sich meine Kunst, von keinem Außen mehr gestört. Nun ging ich in den Hochwald. Ich sah die Formen der Bäume an. Als ich einen erblickte, der die rechte Form hatte, erschien mir der Glockenspielständer, und ich ging ans Werk. Hätte ich diesen Baum nicht gefunden, hätte ich die Arbeit lassen müssen. Meine himmelsgeborene Art und die himmelsgeborene Art des Baumes sammelten sich darauf. Was hier Geistern beigemessen wurde, ist darin allein gegründet.“

(Martin Buber: Tschuang Tse. Reden und Gleichnisse, S. 140 f.)

4.4 Menschen des Musters FÜNF: ErkenntnisVerwirklicher

Menschen des Musters FÜNF glauben, es genau wissen zu müssen. Sie sind davon überzeugt, dass sie nur durch ein tiefes Begreifen der Welt dem Leben und seinen Herausforderungen annähernd gewachsen sein können. Annähernd, weil sie wissen, dass dem Begreifen keine Grenzen gesetzt sind, und sich hinter jeder vermeintlichen Antwort neue Fragen auftun. Die Anforderungen des Lebens empfinden sie im Grunde als grenzüberschreitende Zumutung, denn sie verhindern auf ärgerliche Weise, dass sie sich in angemessener Intensität in einen wichtigen Teilaspekt vertiefen können. Wenn es nach ihnen ginge, würden sie am liebsten Schicht um Schicht eines Problems freilegen – wobei es natürlich um so interessanter wird, je tiefer sie dabei vordringen.

So wird die Liste der noch zu durchdringenden und zu lösenden Probleme im Laufe des Lebens immer länger. Und je mehr Unerledigtes auf dieser Liste steht, desto schwieriger wird es, den neu hinzukommenden Herausforderungen zu begegnen. Scharlatanerie und leichtfüßiges Darüber-hinweg-Trippeln sind für sie keine Mittel der Wahl, denn sie wären nur mit dem schmerzlichen Verlust der Selbstachtung zu erkaufen. Der Druck wird unentrinnbar größer; Rückzug und soziale Abschottung bilden einen natürlichen Damm, allerdings kostet dessen kontinuierliche Stabilisierung selbstverständlich auch Energie.

FÜNFer-Menschen sind – völlig entgegen dem äußeren Anschein – wahrscheinlich die sensibelsten und empfindlichsten aller neun Ennea-Muster. Ihre Antennen sind im Normalbetrieb voll auf Empfang geschaltet und buchstäblich alles dringt in sie ein. Ihre pflichtbewusste Sorgfalt und ihre Skrupel machen es ihnen unmöglich, „die Ohren auf Durchzug zu stellen" oder etwas einfach aus ihrem Inneren zu „entsorgen", wenn es zu viel zu werden droht. Es beschäftigt sie, auch wenn sie dafür eigentlich gar keine Energie mehr haben – genau genommen Tag und Nacht. Im unablässigen Denken-Müssen liegen Paradies und Hölle dicht nebeneinander.

Wenn FÜNFer-Menschen ihrer *Vorherrschenden Leidenschaft*, dem *Geiz*, begegnen, fühlen sie sich ertappt und befreit zugleich. Ertappt, weil sie in passiv-zurückhaltender Beobachtung unter Vermeidung irgendwelcher Fuß- und Fingerabdrücke eigentlich nichts Verwerfliches sehen können – schließlich schaden sie ja niemanden damit. Befreit, weil sie sich in ihrer Neigung zur sozialen Unsichtbarkeit schon manchmal gefragt haben, ob mit ihnen etwas nicht stimmt. Sie begreifen, dass sie irrtümlich geglaubt hatten, es käme zum Substanzverlust, wenn sie innerlich loslassen und sich mitteilen würden. Dahinter lauerte die Befürchtung eines unkontrollierbaren Zerfließens und einer drohenden Verarmung im materiellen Bereich, wenn sie äußerlich loslassen würden. Von den Mitmenschen haben sie ohnehin nie viel erwartet, weshalb sie es von vorneherein für klüger hielten, sich auf sich selbst zu verlassen.

Die Begegnung mit ihrem *Seelenkind* („Berserkerli“) lässt sie gewahr werden, dass hinter ihrer bedürfnis- und leidenschaftslosen Fassade ein Seelenanteil brodelt, der ein ziemlicher Wüterich ist: Es endlich einmal allen Ignoranten und Dumpfbacken zu zeigen; gnadenlos mit denen abzurechnen, die ungerecht und unfair zu ihnen waren; einmal so richtig wider alle Vernunft über die Stränge zu schlagen und sich lustvoll ins pralle Leben zu stürzen. Wenn FÜNFer-Menschen diesen Anteil in sich anerkennen und ihn integrieren statt ihn zu tabuisieren, werden sie vitaler und gewinnen Freude daran, sich auf das einzulassen, was sie vorher ängstlich vermieden haben.

FÜNFen *idealisieren* einen Aspekt des Seins, der mit *Diamond Guidance* (Diamantene Führung) bezeichnet wird. Gemeint ist die wunderbare Fähigkeit zu gleichzeitiger Analyse und Synthese: Erinnertes Wissen und augenblicklich Erfahrenes bilden eine Einheit. Es ist die höchste Stufe des Verstehens überhaupt. Sie imitieren diese Qualität durch mentales, „körperloses“ Wissen. Übertrieben gesagt, ersetzen sie Leben durch Lesen und fühlen sich deshalb für das Leben eigentlich nie ausreichend vorbereitet.

Die Begegnung mit ihrer *Holy Idea (Holy Omniscience/Holy Transparency)* lässt sie erahnen und vielleicht sogar erkennen, dass ihre Rückzugstendenz nicht mit den universellen Gesetzen im Einklang ist. Denn *Holy Omniscience* beschreibt die Einsicht, dass alle Dimensionen des Kosmos untrennbar miteinander verbunden sind: Geist und Materie sind Teile desselben Wirklichkeitsgewebes. Unsere beobachtbare Verschiedenheit stellt nur Spielarten dieser Einheit dar. Dies zu erkennen, beschreibt die Idee der *Holy Transparency*: In unserer individuellen Differenzierung sind wir ein Fenster zum Absoluten. Und wenn wir uns so erfahren, sind wir untrennbar mit dem Rest der Schöpfung verbunden. Wie die Membranen zwischen den einzelnen Zellen unseres Körpers sind auch die Grenzen zwischen uns und den Anderen porös und zum ständigen Austausch bereit.

Wenn Menschen des Musters FÜNF all dessen gewahr werden, genügt ihnen bloßes Erkennen und Für-sich-Behalten nicht mehr. Sie wollen Konsequenzen aus ihren Einsichten ziehen, sich mitteilen: Sie werden zu

ErkenntnisVerwirklichern.

DER FÄHRMANN

YEN-HUI sagte zu Khung-Tse: „Als ich über die Stromschnelle von Tscheng-Schen fuhr, lenkte der Fährmann sein Boot behende wie ein Geist. Ich fragte ihn, ob man solche Führung des Bootes erlernen könne. ‚Man kann es', antwortete er. ‚Die Haltung derer, die ein Fahrzeug über Wasser zu halten wissen, ist solcher Art, als wollten sie es dem Sinken preisgeben. Sie rudern, als wäre das Boot nicht da.' Was ich wissen wollte, sagte er mir nicht. ‚Ist es mir gestattet, nach der Bedeutung zu fragen?"

„Es bedeutet", antwortete Khung-Tse, dass solch ein Mann das Wasser um ihn her vergisst. Er sieht die Stromschnelle an, als wäre sie festes Land. Er betrachtet ein Kentern wie ein Festfahren eines Wagens. Kentern oder Festfahren, wer davon so unbewegt ist, welches Ufer sollte der nicht gesichert erreichen können?

Ein Mann, der um Tonscherben spielt, wird gut spielen. Wenn er eine Erzspange einsetzt, wird er unruhig sein. Wenn er Gold einsetzt, wird er verwirrt sein. Sein Geschick ist in jedem Fall das gleiche, aber er ist vom Wert seines Einsatzes aufgerührt. Und wer dem Äußern Gewicht gibt, wird im Innern hilflos."

(Martin Buber: Tschuang-Tse. Reden und Gleichnisse, S. 134 f.)

4.5 Menschen des Musters SECHS: ZweifelsBändiger/ SicherheitsStifter

Menschen des Musters SECHS müssen nicht nur ständig *denken*, sie glauben auch, sich ständig *schützen* zu müssen. Die Welt kommt ihnen nicht freundlich gesinnt vor – Gefahren, Böswilligkeit, Niedertracht und betrügerische Absichten lauern immer und überall. Die einzig verantwortliche Reaktion kann also nur darin bestehen, niemals auf fahrlässige Weise gutgläubig zu sein – von Leichtgläubigkeit ganz zu schweigen. Es gilt, alles auf den Prüfstand des Zweifels zu stellen und nicht müde werden, zu hinterfragen: Vielleicht kann dadurch Sicherheit als Ergebnis abfallen.

Zu hoch dürfen die Erwartungen allerdings nicht geschraubt werden, denn im Falle des Misslingens ist die Enttäuschung umso geringer, je niedriger die Erwartungen waren. Von außen mag sich das wie Zweckpessimismus anfühlen, von innen ist es nur logisch, konsequent und angemessen. Denn am Ende, wenn Bilanz gemacht wird, ist es durchaus ein ansehnliches Ergebnis, *keinen* Schaden genommen oder verursacht zu haben.

Das Leben ist eine Prüfung. Seine Pflicht zu tun, ist nicht nur keine Schande, sondern das Einzige, was die Gemeinschaft zusammenhält. Jede und jeder muss seine Pflicht tun, und mindestens einer muss darauf achten, dass sich niemand hinwegmogelt, denn im Nu stellen sich Schlendrian und bald auch Gesetzlosigkeit ein. Wenn das Tier im Menschen nicht gebändigt wird, wird es alsbald zum Raubtier. Die Dämme und Schutzzäune müssen deshalb hoch genug sein; künftige Verschlechterungen sind am besten schon von vorneherein mit einzupreisen.

Wo hören vernünftiges Sicherheitsstreben und gesundes Misstrauen auf? Wo fängt die Paranoia an? SECHSer-Menschen kennen auch diese Zweifelslinie. Merkwürdigerweise – so stellen sie ungläubig fest – ist Angst *kein* Thema, wenn ihnen die Umstände keine Zeit dazu lassen, Angst zu haben: Sie reagieren dann mit der emotionslosen Rationalität eines Computers. Wehe aber, wenn das Ereignis in der Zukunft liegt: dann ist Raum und Zeit für alle möglichen Horrorszenarien und – abhängig vom Grad der Verwicklung – wird davon mehr oder weniger intensiver Gebrauch gemacht.

Wenn Menschen des Musters SECHS lernen, dass *Furcht und Zweifel* Merkmale ihrer *Vorherrschenden Leidenschaft* und damit ganz normale Mitbewohner ihres inneren Hauses sind, kann es sie enorm erleichtern. Selbstverständlich aber erst dann, wenn diese Einsicht, die genau genommen zum Existenziellsten überhaupt zählt, was ihnen in ihrem Leben begegnen kann, ausreichend bezweifelt wurde. Falls sie sich zu einem Ja durchringen, bleiben die Folgen nicht aus: Furcht und Zweifel verlieren ihre Macht – wie alle Dämonen, deren Namen wir kennen und rufen lernen. Aber es ist ein Ringen, und ohne das wird es nicht gehen.

Das Seelenkind der SECHSer-Menschen („Schläferli") bezeichnet einen Seelenanteil, der das genaue Gegenteil von Pflichtbewusstsein und Selbst-Disziplinierung verkörpert. Von diesem Anteil geht ein Impuls aus, sich gleichsam unter die Bettdecke verkriechen und sich vor der fordernden Welt da draußen abschotten zu wollen. Das Schläferli möchte vor sich hin dösen, es sich gut gehen lassen und nur dann Kontakt haben, wenn es ihm langweilig wird. Menschen des Musters SECHS fürchten sich vor genau diesem Impuls. Sie haben Angst, in einen Trägheitssumpf zu versinken, wenn sie diesem Anteil auch nur den kleinen Finger reichen. Rasch würde er die ganze Hand nehmen und raunen: „Hör auf, dich anzutreiben und dich anzustrengen. Es macht sowieso alles keinen Sinn!"

Wenn sie diesen Anteil hingegen anerkennen und integrieren, bekommen sie eine erste Ahnung davon, was es heißt, sich vom Sein getragen und gehalten zu fühlen. Angst, Furcht und Zweifel werden allmählich weniger werden. Unbegriffen haben sie – wie alle anderen Ennea-Musterangehörigen auch – eine spezifische Eigenschaft des Seins imitiert. In ihrem Falle wird sie als *Essenzieller Wille* beschrieben, und ihr werden Qualitäten wie Unerschütterlichkeit, Standfestigkeit, Bestimmtheit, Greifbarkeit, Entschlossenheit usw. zugeordnet.

Weil SECHSer-Menschen spüren, dass ihnen all das gut tun würde, *idealisieren* sie diesen Aspekt des Seins. Sie suchen sich z. B. Menschen, die ihnen Gewissheit geben und ihre Zweifel zerstreuen können. Diejenigen unter ihnen, die ihre Angst sichtbar (phobisch) leben, erhoffen sich diesen Rückhalt von Autoritätspersonen. Kontraphobische SECHSer-Menschen versuchen es durch Risikobereitschaft und heldenmütigem Einsatz aller Kräfte. Während Erstere sich dem Willen Anderer unterordnen, versuchen Letztere, sich selbst und Andere ihrem Willen zu unterwerfen.

Wenn Menschen des Musters SECHS in Kontakt mit ihrer *Holy Idea* kommen, begegnet ihnen *Holy Strength*: Es ist die Erkenntnis, dass sie viel mehr sind als ihre Gedanken, ihre Emotionen und ihr Körper. Ihre wahre Natur ist immun gegen die Wechselfälle des Lebens, sie ist unzerstörbar und unvergänglich. Sie sind Teil eines Seins, das unendlich viel mehr und tiefere Dimensionen besitzt als die, um die sie sich täglich sorgen. Ihre wahre Natur ist ein Ausdruck der Intelligenz des Universums. Ohne diese Erkenntnis sind sie letztlich ohne Halt und ohne Fundament.

Mit ihr erleben Menschen des Musters SECHS eine Wirkung, die als *Holy Faith* beschrieben wird. Das ist etwas qualitativ anderes als das, was wir normalerweise unter Glauben verstehen, nämlich ein intellektuelles oder intuitives Für-wahr-Halten einer religiösen Aussage oder einer Erfahrung, die ein Anderer gemacht hat. Es ist vielmehr eine unerschütterliche Gewissheit, ein Wissen, das unbezweifelbar ist. Es ist die direkte Erfahrung, dass Essenz unsere wahre Natur ist. Menschen, die sich bis hierhin „durchgeängstigt" haben, sind überzeugende

ZweifelsBändiger und wirksame SicherheitsStifter.

DER ZWEIFLER

Immer wenn uns

Die Antwort auf eine Frage gefunden schien

Löste einer von uns an der Wand die Schnur der alten

Aufgerollten chinesischen Leinwand, sodass sie herabfiel und

Sichtbar wurde der Mann auf der Bank, der

So sehr zweifelte.
Ich, sagte er uns, bin der Zweifler, ich zweifle, ob
Die Arbeit gelungen ist, die eure Tage verschlungen hat.
Ob, was ihr gesagt, auch schlechter gesagt, noch für einige Wert hätte.
Ob ihr es aber gut gesagt und euch nicht etwa
Auf die Wahrheit verlassen habt dessen, was ihr gesagt habt.
Ob es nicht vieldeutig ist, für jeden möglichen Irrtum
Tragt ihr die Schuld. Es kann auch eindeutig sein
Und den Widerspruch aus den Dingen entfernen, ist es zu eindeutig?
Dann ist es unbrauchbar, was ihr sagt. Euer Ding ist dann leblos.
Seid ihr wirklich im Fluss des Geschehens? Einverstanden mit
Allem, was wird? Werdet *ihr* noch? Wer seid ihr? Zu wem
Sprecht ihr? Wem nützt es, was ihr da sagt? Und nebenbei:
Lässt es auch nüchtern? Ist es am Morgen zu lesen?
Ist es auch angeknüpft an Vorhandenes? Sind die Sätze, die
Vor euch gesagt sind, benutzt, wenigstens widerlegt? Ist alles belegbar?
Durch Erfahrung? Durch welche? Aber vor allem
Immer wieder vor allem andern: Wie handelt man
Wenn man euch glaubt, was ihr sagt? Vor allem: Wie handelt man?
Nachdenklich betrachteten wir mit Neugier den Zweifelnden
Blauen Mann auf der Leinwand, sahen uns an und
Begannen von vorne.

(Bertolt Brecht, Gesammelte Werke 9, Gedichte 3, 1933–1938, S. 587 f.)

4.6 Menschen des Musters SIEBEN: FreudeBewahrer

Alles ist zum Greifen nah. Und das meiste lockt damit, ergriffen zu werden, besonders das Schöne, Wohlschmeckende und Gutriechende – es scheint auf die SIEBENer-Menschen zu warten und wie für sie gemacht. Ganz anders das Hässliche, das Schmerzverursachende, das Konfliktträchtige – das zieht sie überhaupt nicht an, und sie machen einen Bogen darum, wenn es irgendwie geht. Das Ausweichen erledigen sie mit Charme, kaum einer kann es ihnen verübeln, im Gegenteil: Ihr Lächeln macht es einem schwer, *nicht* zum Komplizen zu werden. Aufregend, prickelnd und spannend soll das Leben sein – und gerne hin und wieder ein bisschen über- oder abgedreht.

Und weil es so viel vom Attraktiven gibt, kann es überhaupt nicht langweilig werden. Wie der Vampir den Knoblauch fliehen SIEBENer-Menschen die Langeweile. Bevor etwas anfängt, den ranzigen Geschmack der Routine zu verbreiten, wird es durch das Neue ersetzt, das den Kick oder den Thrill verspricht. Nichts ist öder und nerviger als die Mühen der Ebene. Ihre Energie scheint unerschöpflich, ihre Lust auf Neues nicht zu stillen. Ihr Wagemut mischt sich mit Chuzpe und Unverfrorenheit, eine Kombination, die sie und ihre Umwelt durchaus in Atem halten kann.

Doch irgendwann zeigt selbst der robusteste Motor Verschleißerscheinungen. Wie aus heiterem Himmel wird das rasante Hochdrehen mühsam, die Vollgasfahrt bei schwierigen Straßenverhältnissen wird ein wenig ungelenk; wo früher der reine Nervenkitzel war, schießen jetzt Momente von Ängstlichkeit ein: Es *könnte* etwas Unvorhersehbares passieren. Die Unersättlichkeit bekommt immer öfter einen schalen Beigeschmack. Gleichwohl lehrt sie die Erfahrung, dass es bisher doch immer gut gegangen ist.

Wenn SIEBENer-Menschen ihrer *Vorherrschenden Leidenschaft*, der *Völlerei*, begegnen, sind sie alles andere als amüsiert. Sie wehren sich zunächst mit Händen und Füßen, wie ein Kind, dem jemand seinen Teddybären wegnehmen will. Ein Leben ohne (Über-)Fülle war für sie bisher unvorstellbar.

„Wenn etwas gut ist, ist mehr davon besser!“, das war ihre unerschütterliche Überzeugung. Sollten sie die Lektion allerdings annehmen, können sie lernen, dass Völlerei mehr meint als bloße Gefräßigkeit, denn sie ist eigentlich die leidenschaftliche Suche nach Freude und Vergnügen – koste es, was es wolle. Durch diese Suche wird ihre Seele immer wieder aufs Neue abgelenkt, und sie sind dadurch empfangsbereit für Versuchungen jeder Art. Völlerei ist identisch mit dem „Wunsch nach mehr“, Unersättlichkeit ist also ein wesentliches Charakteristikum der Lebensenergie von SIEBENer-Menschen.

Die Begegnung mit ihrem Seelenkind („Knauserli“) ist zunächst alles andere als erfreulich. Machen sie doch Bekanntschaft mit einem Seelenanteil in ihrem Inneren, der ungesellig, kleinlich und auf Rückzug bedacht ist. Ihr Seelenkind hält ängstlich an allem fest, was es besitzt. Es ist von Verlustangst getrieben und lässt sie einen Mangel und eine Leere in ihrem Inneren spüren. Es ist sehr verstandesorientiert und besserwisserisch. Und all das zu akzeptieren, verlangt ihnen ziemlich viel ab, denn genau vor diesen Einsichten waren sie bisher auf der Flucht. Lassen sie sich aber darauf ein, können sie diese Anteile allmählich umwandeln. Ihre Neigung zum Knausern und Sich-Isolieren wird durch das Grundgefühl selbstverständlicher Zugehörigkeit ausgeglichen. Einen diesbezüglichen Mangel brauchen sie nicht länger zu befürchten, denn die Trennung vom Sein und den Mitmenschen ist unmöglich.

Menschen des Musters SIEBEN idealisieren eine Qualität des Seins, die *das Gelbe* (The Yellow) genannt wird. Sie beschreibt einen Freudenzustand der Seele und entsteht durch unseren Kontakt mit allem, was wir lieben. Sie kann sich als überschwängliche Freude oder als tiefe, eher stille Wonne äußern. Sie zeigt uns, wohin uns „unser Herz zieht“ und was wir *wirklich* wollen. Freude ist ein Ausdruck des Dankes für unsere Teilhabe an der Entfaltung des Seins. Wenn wir etwas aus aufrichtiger Liebe begehren, treten Besitzgier und Selbstbezogenheit in den Hintergrund.

SIEBENer-Menschen imitieren diese Qualität des Seins. Das äußert sich z. B. in ihrem Anspruch, ohne jede Beschränkung spontan sein zu können oder in ihrem zwanghaften Bedürfnis, fröhlich zu sein und Schmerz zu vermeiden. Sie versuchen auf diese Weise, sich mit dem *Gelb* als Ausdruck wahrer Freude zu verbinden. Deswegen sind ihre Antennen ständig auf stimulierende Erfahrungen ausgerichtet, deswegen entwerfen und planen sie eine Zukunft, die noch mehr Freude verspricht. Weil sie kein Vertrauen in ihre natürliche Entwicklung haben, versuchen sie, ihren inneren Prozess ihrem mentalen Plan anzupassen. Er soll sie dorthin führen, wo sie ihr Glück zu finden hoffen.

Wenn Menschen des Musters SIEBEN mit ihrer *Holy Idea* in Kontakt kommen, fangen sie an, ihre nimmersatte Getriebenheit auf einer viel tieferen Ebene zu verstehen. Es stellen sich neue Fragen: Wie kann ich ein Leben im Einklang mit der *Dynamik des Seins* führen, und welche Konsequenzen hat das für meine persönliche Entwicklung? Die Aspekte ihrer *Holy Idea* sind: *Holy Work*, *Holy Plan* und *Holy Wisdom*.

Holy Work beschreibt das Sein als die ARBEIT der Intelligenz des Universums: Die gesamte Schöpfung ist ein Fließen des Seins aus sich selbst heraus, also seine Verkörperung, und sie geschieht unmittelbar. Jegliche Veränderung findet in der Gegenwart statt, sie ist ein Prozess ständiger Entstehung und Erschaffung.

Holy Plan bezieht sich auf die Einsicht, dass der Entfaltung der Wirklichkeit ein bedeutungsvoller Entwurf und ein universelles Muster zugrunde liegen (z. B. das Genom). Nichts geschieht beliebig oder chaotisch, sondern folgt einer natürlichen Ordnung, die wir nie gänzlich verstehen, vorhersagen oder nachvollziehen können.

Holy Wisdom ist die Weisheit des ego-reduzierten Lebens, die ihre ganze Wirksamkeit entfaltet, wenn sich die beiden oben genannten Perspektiven miteinander verbinden. Die Gegenwärtigkeit als Hauptmerkmal des Seins können wir nur erleben, wenn wir selbst gegenwärtig sind. Nur in dieser „wahren Zeit“ entwickeln sich unsere Seelen auf organische Weise. Wir können ihre Entfaltung weder planen, noch deren Richtung bestimmen.

Wenn Menschen des Musters SIEBEN diesen elementaren Zusammenhang wirklich verstehen lernen, löst sich ihre Getriebenheit auf und sie kommen zur Ruhe. Erst aus dieser Haltung ist es ihnen möglich, die Entfaltung des Seins zu seinen eigenen Bedingungen willkommen zu heißen. Die Freude, die sie nun erfüllt, ist unvergleichlich anders als die, der sie früher atemlos nachjagten. Es ist die Teilhabe an einem Geheimnis, das ständig bereit ist, sich zu offenbaren, und sie bewirkt eine Freude, die von einer Quelle gespeist wird, die nicht versiegen kann. Und diese wirkliche Freude, diesen begründeten Optimismus, tragen sie mitteilsam und gebefreudig in die Welt. Sie werden zu unverzichtbaren

FreudeBewahrern.

ARIE DES GLÜCKSGOTTS

Bruder, du machst meine Augen naß

Ich seh, dein Leben ist kein Spaß.

Hier ist ein Apfel, schau, ich habe drei

So kann ich dir einen geben.

Da seh ich nichts Übertriebnes dabei:

Wir können beide leben.

Nur versprich mir, daß du die Kerne

In deiner Gier nicht schluckst

Sondern sie, vor ich mich entferne

In die Erde spuckst.

Und wird es ein Apfelbaum

Mitten in deinem Feld

Dann komm und hol dir die Äpfel,

Von dem Baum, den du bestellt.

(Bertolt Brecht, Gesammelte Werke 10, Gedichte 3, 1941–1947, S. 889)

4.7 Menschen des Musters ACHT: MenschenFreund

„Zupacken, besitzen, beherrschen, genießen, gebrauchen (und bei Nichtgefallen entsorgen). Wer zuerst zieht, trifft schneller; wer besser einschüchtert, erlebt weniger Ungehorsam; wer nimmt, der kriegt; wer zuerst nimmt, hat die meiste Auswahl. Wichtig ist, was man tatsächlich in den Händen hält, nicht, was man in den Händen halten *könnte*. Studiere vorher genau, wem Du die Ehre deiner Gegnerschaft gewähren willst, vor allem seine Schwächen. Zeige dich selbst niemals schwach, denn das wird gnadenlos gegen dich verwendet. Plane strategisch raffinierter als die Anderen und denke fünf Züge voraus, dann wirst du keine Pleite erleben. Ganz vorne ist kein Platz für zwei. Wenn du einmal schlechte Karten haben solltest, zeig' dein Pokerface. Letztlich ist alles reine Nervensache. Wer zuerst zuckt, verliert. Vertraue niemals leichtfertig, sondern prüfe hart und unerbittlich, wer dein Vertrauen wirklich verdient. Es ist keine Katastrophe, wenn am Ende niemand übrig bleibt. Es gibt nichts Gutes, außer man erzwingt es. Unternehmer ist, wer bereit ist, das Risiko zu übernehmen. Wem du vertraust, der hat deinen Schutz; er/sie braucht keine Versicherung mehr. Die Menschheit als solche will betrogen werden. Lass dich niemals über den Tisch ziehen!"

Das mag alles ein bisschen übertrieben klingen, aber Menschen des Musters ACHT finden keine dieser Aussagen verwerflich. Die meisten würden sie selbstverständlich für wahr, nützlich und überlebensnotwendig halten. Sie fänden es allerdings töricht, sie ohne zwingenden Anlass zu veröffentlichen, denn was sie wirklich denken, ist ihre Privatsache. So etwas zu Markte zu tragen, ist eher ein Fall von akuter Nervenschwäche.

Wenn Menschen des Musters ACHT ihrer Vorherrschenden Leidenschaft, der *Wollust*, begegnen, überrascht sie das nicht besonders. Im Gegenteil: Es macht ihnen Respekt, dass ihnen eine Theorie so genau „auf die Schliche kommen“ kann. Den exzessiven Genuss, das bis zur Schmerzgrenze intensiv gewürzte Leben, der Nervenkitzel des Risikos – das ist es, was den Namen „Leben“ wirklich verdient. Alles andere ist bloßes Vegetieren. Es zählt nur das Hier-und-Jetzt; danach ist es vorbei, denn im großen Nichts gibt es keine Gelegenheit mehr.

Anders ergeht es ihnen, wenn sie mit ihrem *Seelenkind* („Fühli-Seelchen“) in Kontakt kommen. Dieser Seelenanteil ist das genaue Gegenteil des übermächtigen Triumphators, der alles im Griff zu haben scheint, denn er besteht aus all den Bedürfnissen, die ACHTer-Menschen normalerweise für Schwäche halten: schüchtern, klammernd, einsam und auf der Suche nach Liebe und Geborgenheit; die Anderen brauchend, sich vor Zurückweisung fürchtend, tiefe Traurigkeit und Angst spürend. Weil dieser Anteil dem Selbstbild so diametral entgegengesetzt ist, liegt er tief im Inneren und ist sorgfältig abgeschirmt. Es ist also nur zu verständlich, wenn sie ihre höchst verletzliche Seite hinter abweisender Kühle und scheinbarer Dickhäutigkeit zu verbergen versuchen. Wenn sie den Kontakt mit ihm zulassen, scheint eine Welt für sie zusammenzubrechen. Weichen sie entgegen ihrem ersten Impuls nicht in ihr gewohntes Abwehrverhalten zurück, geschieht eine wirkliche Öffnung: Herz und Seele werden wieder durchlässig und berührbar, und sie fühlen sich allmählich mit dem Leben verbunden. Und je stärker dieses Gefühl wird, desto überflüssiger wird ihr Kampf gegen die Realität.

Menschen des Musters ACHT *idealisieren* einen Aspekt des Seins, der „das Rote“ (The Red) genannt wird. Gemeint ist ein Seelenzustand, in dem wir auf leidenschaftlich intensive Weise mit dem Leben verbunden sind, uns vital und kraftvoll genug fühlen, um auf alle inneren und äußeren Herausforderungen antworten zu können und neue Bereiche zu erobern. Das Rote macht es möglich, uns auf die Wirklichkeit in all ihren Dimensionen einzulassen und sie mit Entdeckergeist zu erforschen. ACHTer-Menschen imitieren den vitalen Aspekt des Roten, indem sie mit Inbrunst, Vitalität und Dynamik ihren Platz im Leben und in der Welt erkämpfen und behaupten. Grenzen und Eigentumsrechte der Anderen sind dabei eher lästige Hindernisse auf ihrem Weg zum Ziel, mit Dreistigkeit und Unverschämtheit sind sie jedoch zu neutralisieren. Sie glauben, dass man mit Stärke alles regeln kann und versuchen, zu kontrollieren, zu dominieren, einzuschüchtern und zu überwältigen. Aus der Idealisierung der Stärke rührt ihre Schwierigkeit im Umgang mit „weichen" Emotionen.

Die *Holy Idea* des Ennea-Musters ACHT wird mit *Holy Truth* (WAHRHEIT) umschrieben. Gemeint ist, dass das Sein alle Dimensionen gleichzeitig umfasst – von der physisch-greifbaren Oberfläche bis zur spirituellen Sphäre des Absoluten. Es hängt nur davon ab, auf welche Perspektive wir uns konzentrieren, bildlich gesprochen: auf die einzelne Welle oder den Ozean. Alle Dimensionen sind gleichzeitig gegenwärtig und untrennbar miteinander verbunden. Die verschiedenen Dimensionen sind nur unterschiedliche Ebenen desselben. Die Dualität von Materie und Geist, von Ego und Essenz ist so gesehen eine Verblendung, denn in Wahrheit sind sie eins.

Diese Sichtweise steht in krassem Gegensatz zur Wirklichkeitswahrnehmung der ACHTer-Menschen, denn für sie zählt vorwiegend die materielle Ebene, und dort erscheint jeder Körper von jedem anderen getrennt. Nur deshalb können sie glauben, eine separate Wesenheit zu sein. Je mehr sie aber die Perspektive ihrer *Holy Idea* einnehmen, desto weniger sind sie fähig, die Illusion des Getrenntseins aufrecht zu erhalten. Mitgefühl erfasst sie immer öfter, und sie erfahren sich zunehmend als wichtiges Element des Ganzen. In ihnen wächst der Wunsch, aus Stärke zu dienen. Sie werden zum

MenschenFreund.

DAS MENSCHENHERZ

Thsui-Khü fragte Lao-Tse: „Wenn das Reich nicht regiert werden soll, wie sind die Herzen der Menschen gut zu machen?“ Lao-Tse antwortete: „Achtet darauf, die natürliche Art des Menschenherzens nicht zu stören. Das Herz des Menschen kann niedergedrückt und es kann aufgerührt werden. Niedergedrückt ist es wie ein Gefangener, aufgerührt ist es wie ein Toller.

Durch Zartheit kann das härteste Herz gesänftigt werden. Aber versuche es zu hobeln und zu glätten – es wird wie Feuer erglühen oder wie Eis erstarren. Ehe sich dein Haupt wendet, wird es über die Grenzen der vier Meere entfliehen. In Ruhe, tief beständig; in Bewegung, zum Himmel aufgeschnellt; entschiednen Stolzes sich aller Bindung weigernd; – so ist das Menschenherz.“

(Martin Buber: Tschuang-Tse. Reden und Gleichnisse, S. 86 f.)

4.8 Menschen des Musters NEUN: FriedensStifter

„Warum sollte sich jemand für mich ernsthaft interessieren? Was habe ich schon zu bieten, was andere nicht besser können? Am besten halte ich mich im Hintergrund und falle erst gar nicht auf. Ich tue alles, was von mir verlangt wird – allerdings nach meinem Tempo. Ich bin froh, das bewältigen zu können, was bereits von mir gefordert wird, mehr geht beim besten Willen nicht. (Hoffentlich kommt heute nichts Unvorhergesehenes dazu!) Wenn es noch mehr wird, verliere ich total den Überblick. Ich bin ohnehin schon bis obenhin zugebuddelt. Diese bleierne Müdigkeit! Es kostet mich unendlich viel Kraft, in die Gänge zu kommen. Wenn es erst einmal läuft, dann macht es sogar richtig Spaß. Aber bis dahin gibt es oft Probleme. Es stürmt halt zu viel gleichzeitig auf mich ein, und ich weiß oft nicht, was denn jetzt gerade das Wichtigste ist. Ich fange mit irgendwas an, verliere mich in Kleinigkeiten und stelle fest, dass etwas Wichtigeres liegengeblieben ist. Und dann kommt mit Sicherheit noch irgendwas anderes dazwischen, das mich auch interessiert, und schwupp! bin ich von dem abgelenkt, was ich gerade fertig machen wollte.

Und dann dieser ständige Zeitdruck. Kaum habe ich mich in etwas vertieft und will es richtig machen, da merke ich, dass die Frist schon wieder fast verstrichen ist. Ich habe das Gefühl, es niemanden wirklich recht machen zu können – eigentlich bin ich ein Versager. Manchmal ertappe ich mich bei dem Gedanken, dass mich keiner vermissen würde, wenn ich nicht da wäre. Was bleibt mir also übrig, als gute Miene zum Spiel zu machen? Als Ja zu sagen, auch wenn ich eigentlich Nein meine? Zum offenen Kampf fehlt mir die Kraft. Allerdings kommt jede und jeder in mein Merkbuch, der mich verletzt hat, auch wenn ich äußerlich höflich und freundlich bin. Irgendwann fliegt auch mein Deckel mal vom Topf – gottseidank nur ganz selten –, denn nachher bin ich immer entsetzt, was für ein Vulkan da in mir gebrodelt hat. Diese unbändige Wut ... ich könnte mich danach wegschmeißen, denn eigentlich gehen mir Harmonie und gutes Miteinander-Auskommen über alles."

Die *Vorherrschende Leidenschaft* der Menschen des Musters NEUN ist die *Acedia*. Sie umfasst mehr als Trägheit oder Unempfänglichkeit, sie ist das Ergebnis einer fortschreitenden Selbst-Abstumpfung. Wenn NEUNer-Menschen mit ihr in Kontakt kommen, wird ihnen schmerzlich bewusst, wie stark ihre Abneigung ist, sich selbst genau wahrzunehmen, sich psychisch tiefer zu ergründen, und welchen Widerstand sie gegen Veränderung im Allgemeinen aufgebaut haben. Ihre innere Tendenz, sich selbst für nichtswürdig und deshalb nicht liebenswert zu halten, „betäuben" sie mit genau diesen Verweigerungen. Sie machen sich gegen die existenzielle Frustration mit einer Art psychischer Dickhäutigkeit unempfindlich und undurchlässig. Nur so gelingt es ihnen, ihrer Umwelt nach außen hin zufrieden, jovial und großzügig zu begegnen.

Wirklich aufrütteln kann sie die ernsthafte Auseinandersetzung mit ihrem *Seelenkind* („Angeberlein"). Dieser Seelenanteil in ihnen möchte gerne glänzen, im Zentrum der Aufmerksamkeit stehen, eine Show abziehen und Applaus dafür kassieren. Dabei sind alle erfolgversprechenden Mittel recht: täuschen, schwindeln, dem Anderen die Schuld geben. Die Getriebenheit und Rücksichtslosigkeit, die darin zum Ausdruck kommt, passt so ganz und gar nicht zu ihrer nach außen gezeigten, selbstverleugnenden Haltung. Sie wird von ihnen deshalb aus dem Bewusstsein verbannt, denn sie befürchten, vor lauter Getriebenheit gar nicht mehr aufhören zu können, wenn sie erst einmal losgelegt haben. Unter ihrer scheinbaren Trägheit verbergen sie ihren Drang zu handeln. Wenn sie sich mit diesem Seelenanteil versöhnen, können sie sich allmählich aus den Fesseln ihres destruktiven Selbstbildes befreien und fähig werden, wirklich mit der Welt in Kontakt zu treten.

NEUNen *idealisieren* einen Seins-Aspekt, der *Living Daylight* (Lebendiges Licht des Tages) genannt wird. Es handelt sich um eine Qualität, die uns wie das warme, lebensspendende Licht der Sonne umfängt. Wir fühlen uns von einer sanften, wohltuend-liebevollen Energie getragen und gehalten. Wir können loslassen und entspannen, denn eine freundliche und gütige Präsenz schützt uns. Menschen des Musters NEUN finden diese Qualitäten besonders attraktiv, glauben aber, dass sie sie nicht besitzen und meinen deshalb, sie imitieren zu müssen. Sie versuchen, die sanfte, unaufdringliche, freundliche und selbstlos-unterstützende Person für die Anderen zu sein. Sie gehen Konflikten aus dem Weg. Stattdessen harmonisieren sie, vermitteln, verleugnen ihren Standpunkt, sind empfänglich für und beeinflussbar durch die Sichtweisen anderer Menschen und vermeiden es, sich selbst festzulegen. Das alles tun sie, um dazuzugehören, um bemerkt, geliebt und geschätzt zu werden und an der Fülle des Lebens teilzuhaben. Sie nehmen sogar in Kauf, von Anderen „gelebt zu werden“.

Die *Holy Idea* der Menschen des Musters NEUN heißt *Holy Love*. Sie beschreibt, dass das Sein sowohl der Ursprung der Liebe als auch die Liebe selbst ist. Alles, was existiert, ist deren Verkörperung, denn das Sein ist von Natur aus positiv und wohlwollend. Holy Love äußert sich vor allem als *Wirkung*: In der Liebe ist sie die Süße und Weichheit, an der Freude ist sie das Leichte und Spielerische, an der Intelligenz und Brillanz des Seins ist sie das Köstliche und Überragende, am Willen ist sie die Reinheit und Zuversicht. Wenn Menschen des Musters NEUN diese Zusammenhänge erahnen lernen, erkennen sie, dass sie bereits ohne all die Selbstdemütigungen und Selbstentwertungen liebenswert sind, nämlich nur deshalb, weil sie untrennbar mit dem Sein verbunden sind. Erst im gelebten Bewusstsein dieser essenziellen Liebenswürdigkeit sehen sie, dass die Güte des Lebens uneingeschränkt und nicht an Bedingungen geknüpft ist. Aktiv mit dieser unerschöpflichen Quelle verbunden, erleben sie wirklichen Frieden in ihrem Inneren. Erst jetzt haben sie die Kraft, ihre Fähigkeit, sich mit vielen Standpunkten zu verbinden, konstruktiv und authentisch zu nutzen. Sie werden zu wirkungsvollen und nachhaltigen

FriedensStiftern.

Der Lernende

Erst baute ich auf Sand, dann baute ich auf Felsen.

Als der Felsen einstürzte

Baute ich auf nichts mehr.

Dann baute ich oftmals wieder

Auf Sand und Felsen, wie es kam, aber

Ich hatte gelernt.

Denen ich den Brief anvertraute,

Die warfen ihn weg. Aber die ich nicht beachtete

Brachten ihn mir zurück.

Da habe ich gelernt.

Was ich auftrug, wurde nicht ausgerichtet.

Als ich hinkam, sah ich

Es war falsch gewesen. Das Richtige

War gemacht worden.

Davon habe ich gelernt.

Die Narben schmerzen

In der kalten Zeit.

Aber ich sagte oft: nur das Grab

Lehrt mich nichts mehr.

(Bertolt Brecht, Gesammelte Werke 9, Gedichte 2, 1933–1938, S. 558)

4.9 Menschen des Musters EINS: OrdnungsLiebende

Menschen des Musters EINS stehen wie kein anderes Muster mit der Idee „Ordnung" in existenzieller Verbindung: Was sie denken, fühlen und tun wird von einer internen Kontrollinstanz permanent daraufhin abgeglichen, ob es dem verinnerlichten Standard von „Ordnung" genügt. Es ist eigentlich ein nicht enden wollender Druck, ein sich ständig wiederholendes, inneres Selbst-Ermahnen und Selbst-Disziplinieren, ein permanentes Kontrollieren-Müssen und Auf-der-Hut-Sein vor dem Überraschungs-Coup, den der große Anarchist namens „Leben" als nächsten landen wird. Wie soll ein Mensch angesichts dieser Chancenungleichheit nicht vom *Zorn* erfasst werden? Was immer er tut – es wird auf eine tragisch anmutende Weise zu wenig sein. Diese sich wiederholende Erfahrung schärft andererseits seine Wahrnehmung für alles, was nicht „in Ordnung" ist, im materiellen wie im ethisch-moralischen Sinne. Die geschärfte Wahrnehmung wiederum senkt die Schwelle seiner Bereitschaft, sich zu empören.

Ordnung herstellen und unter Kontrolle behalten zu wollen, bedeutet also Ja-Sagen zu ständiger Kampf- und Anstrengungsbereitschaft. Entspannung hingegen verführt zum Unaufmerksam-Werden – und von da ist es nicht weit zum Kontrollverlust. Letzteren fahrlässig herbeizuführen wäre unverzeihlich, ein Makel, der kaum jemals wieder reinzuwaschen ist. So entsteht Ordnung buchstäblich „unter Schmerzen" und „im Schweiße des Angesichts".

Das göttliche Verdikt dröhnt seit der Vertreibung aus dem Paradies peinigend in den Ohren der EINSer-Menschen.

Brechen wir also ein „Ordnungs“-Tabu und sagen es klar und unmissverständlich: Ein Zustand, der so viel abverlangt, der so permanent herausfordert und zu überfordern droht, kann nicht liebenswert sein – im Gegenteil: Er ist zum Stöhnen schwergängig, „verflixt und zugenäht“, und bestenfalls kann Hassliebe dabei herauskommen. Denn kaum ist Ordnung gestaltet, ist sie bereits wieder vom Chaos umzingelt. Auch wenn dieses nur als Staub daherkommt, dessen Entstehung aus dem Nichts bis heute wiederum kein Mensch wirklich plausibel erklären kann. Solange Ordnung „herrscht“, beherrscht sie alles Geordnete, und selbstverständlich auch das Emotions-, das Denk- und das Bewegungszentrum der Menschen des Musters EINS.

Wie kann es gelingen, der Ordnung eine dienende Funktion zu geben? Es geht nicht ohne Paradoxie, denn – wie bei allen Mustern – sind es auch bei den EINSer-Menschen die gewählten Mittel, die den Zweck verderben, oder anders gesagt: die Nebenkosten der guten Absicht machen den größten Teil des zu bezahlenden Preises aus. Die Begegnung mit ihrem *Seelenkind („Juxender Vielfraß“)* intensiviert und vitalisiert den verdrängten Kontakt zur ihnen selbst innewohnenden Maßlosigkeit. Dieser entschlossen ins Auge zu blicken und diesen Anblick aushalten zu lernen, macht schon erheblich lockerer und entspannter. Der hehre Ernst wird selbstironisch gebrochen, der Mensch wird menschlicher.

Genauso tut die Erkenntnis des *Idealisierten Aspekts* (hier: *Brillanz*) ihre Wirkung: Es macht einen Unterschied, ob ihnen bewusst wird, dass sie bloß mit dem Imitat umgehen, welches sich in Rechthaberei, Pingeligkeit und Hyperkorrektheit äußert, oder ob sie allmählich erlernen, dass Brillanz längst auch ohne ihr Zutun existiert und schon immer dagewesen ist, nämlich als Intelligenz des Seins, die alles Existierende durchdringt. Beide Erfahrungen können ihnen helfen, ihre Einschätzung der wahren Größenverhältnisse aufs

Neue zu justieren: die Ordnung des Lebendigen auf der einen gegen die von ihnen mit Mühen künstlich hervorgebrachte Ordnung auf der anderen Seite.

Der redliche und genaue Blick auf die überwältigende Schönheit der Ordnung des Lebendigen (Holy Perfection) enthält die Kraft, Ordnung wirklich lieben zu lernen und so allmählich zum

OrdnungsLiebenden
zu werden.

Von allen Werken

Von allen Werken die liebsten sind mir die gebrauchten.
Die Kupfergefäße mit den Beulen und den abgeplattenen Rändern
Die Messer und Gabeln, deren Holzgriffe
Abgegriffen sind von vielen Händen: solche Formen
Schienen mir die edelsten. So auch die Steinfliesen um alte Häuser
Welche niedergetreten sind von vielen Füßen, abgeschliffen
Und zwischen denen Grasbüschel wachsen, das
Sind glückliche Werke.

Eingegangen in den Gebrauch der vielen
Oftmals verändert, verbessern sie ihre Gestalt und werden köstlich
Weil oftmals gekostet.
Selbst die Bruchstücke von Plastiken
Mit ihren abgehauenen Händen liebe ich. Auch sie
Lebten mir. Wenn auch fallen gelassen, wurden sie doch getragen,

Wenn auch überrannt, standen sie doch nicht zu hoch.

Die halbzerfallenen Bauwerke

Haben wieder das Aussehen von noch nicht vollendeten

Groß geplanten: ihre schönen Maße

Sind schon zu ahnen; sie bedürfen aber

Noch unseres Verständnisses. Andererseits

Haben sie schon gedient, ja, sind schon überwunden. Dies alles

Beglückt mich.

(Bertolt Brecht, Gesammelte Werke 8, Gedichte 1, 1926-1933, S. 386)

Hier nun noch einmal ein Überblick, der die Entwicklungsmöglichkeiten der Muster EINS bis NEUN zusammenführt:

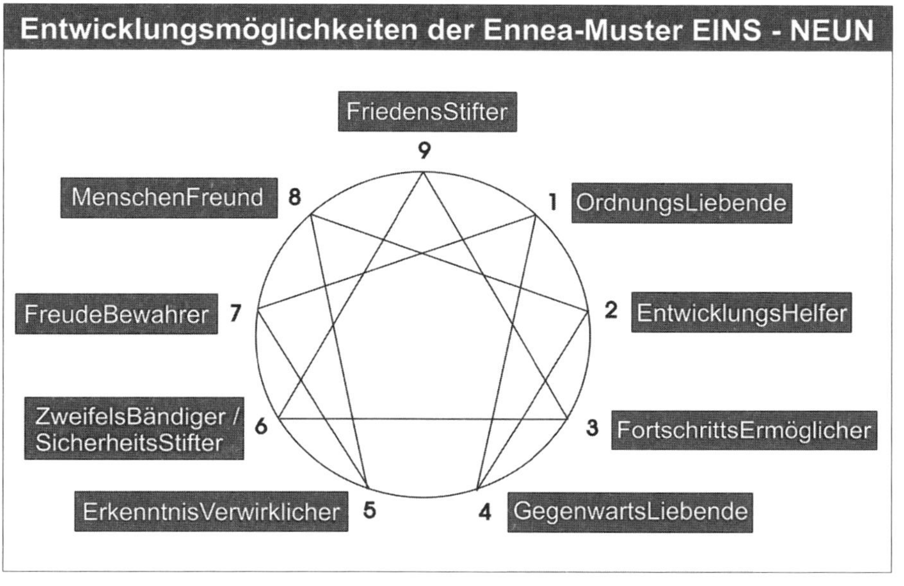

5. Entwicklung im Lichte des Prozessmodells

5.1 Was das Prozessmodell des Enneagramms ist

Das sogenannte Prozessmodell des Enneagramms geht zurück auf den Menschen, der das Enneagramm-Symbol 1916 erstmals seinen Schülern vorstellte, und durch die es fünfunddreißig Jahre später öffentlich bekannt wurde: *Georg Iwanowitsch Gurdjieff*. Sein zentrales Interesse galt den Fragen, wie die Welt und die darin lebenden Menschen beschaffen sind, wie Prozesse des Lebendigen entstehen, sich entfalten und wodurch sie gelingen oder scheitern. Eine seiner bleibend wertvollen Einsichten besteht darin, dass selbst die komplexesten Prozesse einem Ablauf folgen, der vorhersagbar ist, denn in jedem von ihnen existiert eine Art universelles Ablaufmuster. Dadurch können wir die Prozesse so genau verstehen, dass wir in sie eingreifen und sogar ihren Verlauf beeinflussen können. Es sind nämlich immer bestimmte Charakteristiken zu beobachten, die es möglich und sinnvoll machen, den gesamten Verlauf in unterscheidbare Phasen zu unterteilen.

Was Gurdjieffs Modell so andersartig und bestechend wirklichkeitstreu macht, liegt vor allem darin begründet, dass er innerhalb eines jeden Ablaufs zwei *Sollbruchstellen* kennzeichnet, an denen es sich entscheidet, ob der Prozess gelingt bzw. sich vollendet oder nicht. An diesen Stellen braucht es nämlich einen heftigen Impuls von außen, um den Prozess davor zu bewahren, kraftlos in sich selbst zusammenzusinken und sich gleichsam selbst ungeschehen zu machen. Und keine Alltagsbeobachtung ist so sehr Allgemeingut wie die Feststellung, dass unvergleichlich viel mehr Vorhaben beschlossen als tatsächlich daraus „vollendete Tatsachen“ werden.

Gurdjieffs geniale Beobachtung bezieht ihre Kraft aus der von ihm so beschriebenen, eigentümlichen Kombination zweier *Universalgesetze*: dem „Gesetz der Drei“ und dem „Gesetz der Sieben“. Während Ersteres beschreibt, wie etwas überhaupt entsteht, beschreibt Letzteres, wie es ihm nach seiner Entstehung ergeht, anders gesagt, was aus ihm wird – oder eben nicht.

Für mich liegen gerade in dieser Kombination die Gründe für die Wirkmächtigkeit und die Erklärungstiefe der Enneagramm-Idee. Denn es gibt wenige Modelle, die Entstehung und Verlauf oder Anfang, Zwischenschritte und Ende eines lebendigen Ablaufs gemeinsam in den Blick nehmen.

Das Enneagramm-Zeichen ist die symbolische Darstellung der Vereinigung der beiden Universalgesetze: das Dreieck mit den Eckpunkten bei 9 – 3 – 6 und das unregelmäßige Sechseck mit den Eckpunkten 1 – 4 – 2 – 8 – 5 – 7 – 1. Die Dreieckspunkte markieren den Anfang bzw. das Ende des Prozesses bei Punkt 9; an den Punkten 3 und 6 braucht es die Außenimpulse, die Gurdjieff „Schocks" genannt hat. Er platziert das Dreieck und das Sechseck in einen Kreis, der in neun gleiche Abschnitte eingeteilt ist. Jeder Abschnitt – beginnend bei 9 als „Nordpol" – markiert im Uhrzeigersinn einen Entwicklungsfortschritt, das heißt, das „Erreichte" wird von Stufe zu Stufe qualitativ mehr und auch verbindlicher. Die Schockpunkte bei 3 und 6 „stören" den Ablauf; sie wirken gleichsam wie Stolpersteine in einem ansonsten scheinbar vorhersehbaren Geschehen.

Ein Prozess kommt zu einem guten Ende, wenn alle Phasen bzw. Stufen sorgfältig durchlaufen wurden, denn jede dieser Phasen ist für das Gelingen des Ganzen bedeutsam. Das Enneagramm-Symbol besteht aus neun Verbindungslinien zwischen jeweils zwei Punkten des Kreises.

Diese Linien enthalten für Kenner des Prozessmodells zugleich Hinweise darauf, was geschieht, wenn die „natürliche" Entwicklungsreihenfolge nicht eingehalten wird. Wenn also z. B. Entwicklungsschritte ausgelassen werden oder eine neue Phase begonnen wird, bevor die vorangehende wirklich abgeschlossen ist. Mit anderen Worten: auch die „Art" des Scheiterns lässt sich voraussagen. Ist es eine „Kopfgeburt" oder eine Flause? Ist es ein Rückzug zum Zeitpunkt, wenn es „heiß", also verbindlich und unwiderruflich wird? Liegt es an mangelnder Ausdauer? Oder ist es ein tragisches Scheitern, weil „auf den letzten Metern die Luft ausgeht"?

Kurzum: Für die Wissenden enthüllt jeder bewusste Blick auf das Enneagramm-Symbol die Verschränkung und Gegenabhängigkeit der beiden elementaren Geschehnisse: Entstehung und Erhaltung bzw. Verlauf von etwas – bis hinein in einen fast beliebigen Grad von Feindifferenzierung. Dem Erkenntnishunger sind theoretisch kaum Grenzen gesetzt. Die natürliche Grenze, an die wir stoßen, ist eher durch die „Enge unseres Bewusstseins" gegeben, d. h. wie viele Faktoren wir gleichzeitig im Blick behalten können. Hierin unterscheiden wir Menschen uns nämlich sehr deutlich.

5.2 Ein genauerer Blick auf die Charakteristik der Prozessphasen[8]

Bei Punkt 9 (bzw. 0) ist – wie bereits gesagt – der Ausgangspunkt. Bei Punkt 1 entsteht eine vage Idee, eine unscharfe Kontur, eine Ahnung von etwas Künftigem. Bei Punkt 2 ist die Idee bereits konkret geworden, und es wird geprüft, welche Konsequenzen sie hat, wem sie nützt, wie sie zu verwirklichen ist. Bei Punkt 3 passiert der erste Schock: die Wirklichkeit (der konkreten Umsetzung) kollidiert mit den Plänen und Vorstellungen. Werden sie der Kollision standhalten? Was kostet das Vorhaben genau? Wer profitiert davon wie viel? Welchen Gewinn bzw. Nutzen bringt es?

Wenn das Vorhaben die „Schockprüfung" übersteht, findet bei Punkt 4 eine Vertiefung und gründliche Sichtung aller bisher gemachten Schritte statt. Alles wird auf seine innere Stimmigkeit überprüft und, falls für gut befunden, gibt es mental kein Zurück mehr. Der Entschluss steht fest. Zwischen Punkt 4 und 5 scheint sich im Enneagramm-Symbol ein Abgrund aufzutun. Und den gibt es tatsächlich, denn das bis dahin überwiegend gedankliche Vorhaben nimmt nun buchstäblich Gestalt an: das Mentale, das Gedankliche, das Planerische „materialisiert" sich. Es wird verbindlich, der Rückzug ist verstellt, weil dessen Kosten unverhältnismäßig hoch sein würden. Es gibt nur den Blick nach vorne, in Richtung Ziel.

8 Ausführliche Darstellung in Reifarth: Bejahen, Verneinen, Versöhnen, S. 180 – 203.

Nun, wo alle Kosten, alle Verbindlichkeiten und alle Probleme klar auf der Hand liegen, kann sich leicht die „Angst vor der eigenen Courage“ einstellen. Plötzlich tauchen Bedenken auf, die vorher gar keine Rolle spielten, und sie drohen übergroß zu werden. Bei Punkt 6 geschieht also der zweite Schock: „Das wird nie gelingen, denn das ist ja gar nicht zu schaffen. Das Scheitern ist programmiert!“ Genau jetzt kommt es auf eine *Willenstat* an und darauf, alle Kräfte zu bündeln, auf das Ziel zu richten und nicht zu verzagen. Gelingt das, kriegt das ganze Vorhaben bei Punkt 7 „Wind unter die Flügel“: Der Zweifel weicht der Zuversicht, die Bedenken sind irgendwie gegenstandslos geworden. Euphorie stellt sich ein. Und mit der gehobenen Stimmung wächst auch die Neigung, das bisher Erreichte schon für das Endergebnis zu halten, „weil es auf das bisschen Kleinkram ja doch nicht mehr ankommt. Hauptsache, die große Richtung stimmt!“

Viele Vorhaben sind gescheitert oder deren Ergebnis war nicht konkurrenz- oder durchsetzungsfähig, weil der letzte Schliff gefehlt hat. Oder weil z. B. die Marktreife nur behauptet, nicht aber intensiv geprüft wurde. Das ist die Aufgabe, die bei Punkt 8 zu erledigen ist. Hier kommt zum Zwecke des *Fine-Tunings* alles noch einmal auf den Prüfstand, um die Tauglichkeit wirklich sicherzustellen. Zugleich ist dies die Prozessphase, in der alle Schritte getan werden, um Konsequenzen aus der Tatsache zu ziehen, dass aus der anfänglichen Idee ein fertiges „Produkt“ geworden ist: Etwas Neues ist zum allgemeinen Bestand hinzugekommen, denn eine Idee ist „verkörpert“ worden. Diese Tatsache will und muss in geeigneter Weise bekanntgemacht werden.

Bei Punkt 9 ist der Schaffensprozess beendet. Das Neu-Entstandene kann aber nur Teil des Alltags werden, wenn auch dieser Prozessschritt mit Sorgfalt geschieht. Auch er braucht seine eigene Zeit, damit sich das Neue mit dem Vorhandenen verbinden kann. Aber dieser Schritt ist weniger spektakulär, denn der Akzent liegt mehr auf der Beobachtung dessen, was geschieht als auf der kreativen Schaffensseite. Diese passiv-rezeptive Gesamtstimmung ist der ideale Kontext für das Eindringen neuer Ideen, denn Leben heißt, dass Entwicklung immer weiter geht. Stillstand passt nicht zur Idee des Lebendigen.

Wenn wir das soeben Gesagte noch weiter verdichten, lässt es sich folgendermaßen illustrieren:

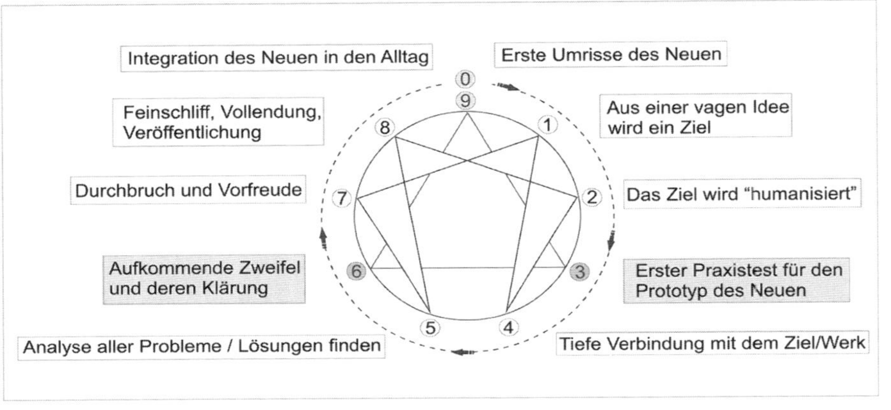

5.3 Persönliche Entwicklung im Lichte des Prozessmodells

Wenn Gurdjieffs Behauptung über die Allgegenwärtigkeit und Regelhaftigkeit des Ablaufs einer jeden Entwicklung des Lebendigen zutreffen sollte, muss sie selbstverständlich auch auf uns Menschen anwendbar sein, wenn wir uns absichtlich in einen Entwicklungsprozess hineinbegeben. Denn auch hier gibt es – rein formal betrachtet – einen großen Unterschied zwischen dem Anfangsstadium und dem Ziel des Prozesses, oder, in unserer Enneagramm-Sprache: zwischen dem *verwickelten* und dem *entwickelten* Zustand eines Menschen. Denn er hat Selbstbeobachtung und Selbsterkenntnis ernst genommen und sich absichtlich und willentlich auf den Weg begeben. Unternehmen wir also den Versuch, den Weg eines Menschen, der EntwicklungsArbeit mit dem Enneagramm machen will, mithilfe des gurdjieffschen Prozessmodells genauer zu verstehen.

Phase O Es fängt damit an, dass jemand mit der Enneagramm-Idee in Kontakt kommt, ganz gleich, ob zufällig oder nach gezielter Suche, ob durch Berichte von Mitmenschen oder durch eigene Lektüre. Die Wahrscheinlichkeit, dass jemand bereits bei der ersten Begegnung „anbeißt", steigt, wenn zwei Bedingungen zutreffen: eine relative Unzufriedenheit mit seinem Leben bis dahin und die Erfahrung, dass er sich mit dieser Befindlichkeit in den Texten oder Berichten gespiegelt findet. Sie versichert ihn, dass er weder „spinnt" noch mit seiner Situation alleine dasteht. Wenn dabei in ihm außerdem die Hoffnung geweckt wird, dass eine Verbesserung seiner Lage aussichtsreich sein könnte, wird er sich – im Rahmen seiner Möglichkeiten – intensiver darauf einlassen. Falls nicht, wandert das Buch ins Regal bzw. das Gespräch wird nicht weiter gesucht.

Phase 1 Unterstellt, die Idee hat irgendwie verfangen und bei diesem konkreten Menschen eine Resonanz ausgelöst, und weiter angenommen, er würde den Weg über die Literatur nehmen. Bei der Beschreibung seines Ennea-Musters wird er sich verwundert die Augen reiben, wieso es dort so viel schwarz auf weiß zu lesen gibt: über sein Leben im Allgemeinen, und wie es bei ihm „drinnen aussieht" im Besonderen. Die Autoren kennen ihn ja nachweislich nicht. Aber kaum liest er weiter, entdeckt er auch in den Beschreibungen anderer Ennea-Muster Eigenschaften von sich selbst. Wie kann das sein? „Bin ich viele?" Ist die Enneagramm-Idee unsinnig („esoterischer Mist") oder habe ich nur eine schlechte Darstellung erwischt? Aber auch die Lektüre weiterer Bücher bringt ihm nicht wirklich mehr Klarheit, genauso wenig wie es Tests tun, von denen er im Internet einige findet. Sie lassen ihm (wenn sie gut gemacht sind) die Qual der Wahl zwischen mehreren Möglichkeiten. Dennoch lässt unser Mensch nicht locker: Er will es wissen!

Phase 2 Er ist sich bereits jetzt sicher, was für ihn *nicht* zutrifft. Und bei einem Muster ist er sich ganz besonders sicher, denn das findet er „widerwärtig" – das kann es auf keinen Fall sein! Er kommt zunehmend darüber ins Staunen, dass die verschiedenen Muster, die er Zug um Zug genauer kennenlernt, in sich alle irgendwie logisch und schlüssig sind. Könnten es sogar gleichberechtigte Lebensentwürfe sein? Denn offensichtlich taugen sie alle dazu, das Leben und seine Herausforderungen zu bewältigen. Ihm kommt eine beunruhigende Ahnung: Wenn das wirklich so sein sollte, darf ich dann von mir auf den Anderen hochrechnen? Aber im Moment steht ihm die Frage näher, ob er sich in einem Ennea-Muster ohne Restzweifel wiederfindet. Und wenn er diese Antwort gefunden haben sollte: Was bedeutet das für ihn und sein weiteres Leben? Müsste er etwas aufgeben? Würde er etwas Neues dafür gewinnen? Irgendwie lässt ihn das alles nicht mehr los. Er nimmt sich vor, mit Menschen seines Vertrauens darüber zu sprechen. Vielleicht können die ihm sagen, was ihnen an ihm schon immer aufgefallen ist. Aber er muss dafür eine günstige Gelegenheit finden.

Phase 3 Die findet sich, es kommt zum Gespräch. Was unser Mensch da zu hören bekommt, haut ihn beinahe um. Was für ihn selbst höchst *frag-würdig* ist, kommentieren seine Vertrauten, nachdem sie sein ernsthaftes Interesse gespürt haben, mit einer fast beleidigenden Selbstverständlichkeit. Sie sagen: „Ja, das ist doch typisch für Dich! So bist Du doch schon immer. Wieso ist das für Dich überhaupt eine Frage, denn das sieht doch jeder!“ Unser Mensch ist schockiert, denn ihm widerfährt, was zwar eine psychologische Binsenweisheit ist, die aber deswegen nicht weniger weh tut: Für das, was uns am meisten ausmacht, sind wir „blind“; wir nehmen es nicht wahr, weil es für uns *selbstverständlich* ist. Psychologisch gesprochen liegt die Information im „blinden Fleck“. Und da gibt es nun einiges zu verdauen.

Einmal unterstellt, unser Mensch würde *nicht* „kopfscheu“ und nicht, das Enneagramm verfluchend, schleunigst versuchen, diese Erfahrung zu vergessen, dann kommt nun Schwerstarbeit auf ihn zu: sein Selbstbild und das Bild, was bedeutsame Andere von ihm haben, irgendwie zur Deckung zu bringen, denn deren Auseinanderklaffen ist unübersehbar. „Wer hat Recht? Falls es die Anderen sind: Wie viel und wie lange habe ich mir über mich selbst etwas vorgemacht? Kann ich meiner Wahrnehmung denn allgemein trauen, wenn ich mich sogar über mich selbst so sehr täusche? Auf was ist denn dann überhaupt noch Verlass?“ Unser Mensch gibt nicht so leicht auf, erst recht dann nicht, wenn es besonders „eng" für ihn wird. Er besitzt ein tapferes Herz!

Phase 4 Unser Mensch meint es ernst. Er vertieft seine Studien und sein Blick weitet sich. Was ihn anfangs schockierte, verunsicherte, ärgerte, kann er nun schon fast schmunzelnd bestätigen: „Ja, so ist es wohl!" Anders ergeht es ihm mit dem, was in manchen Texten „Vorherrschende Leidenschaft" genannt wird. Das ist wirklich schwer oder gar nicht zu fassen, denn es gibt kein Pack-Ende – es ist schlicht nicht zu greifen. Wenn unser Mensch dem Muster EINS zugehört, würde er am liebsten ausrufen: „Ich? Zornig? Niemals!" und dabei würde sich seine Stimme fast überschlagen, dass es dem Zuhörenden angst und bange wird. Wenn er ein Mensch des Musters ZWEI ist, dann wird er sich denken: „Ich und hochmütig! Ha! So was kann mir doch nur jemand anhängen, der sich gnadenlos unterlegen fühlt!" Und so ließen sich die Reaktionen neunfach unterscheiden.

Für alle gilt: Unsere Vorherrschende Leidenschaft drückt sich oft in einer „Kanaldiskrepanz" aus: Die Art, *wie* wir etwas bestreiten, steht im krassen Widerspruch zu dem, was wir inhaltlich zum Ausdruck bringen.

Ganz allmählich dämmert unserem suchenden Menschen, was es mit diesem „Unfassbaren" eigentlich auf sich hat. Es gelingt ihm sogar hin und wieder, sich „auf frischer Tat" zu ertappen. Anfangs schmerzt die Erkenntnis und ihr folgen Selbstvorwürfe. Später werden sie schon im Ansatz registriert, und es werden im Moment Konsequenzen gezogen – oder auch nicht. Kaum jedoch bleiben solche Äußerungen der Vorherrschenden Leidenschaft von ihm selbst unbemerkt. Denn der Entschluss, sich selbst auf die Schliche kommen zu wollen, hat ihm längst klar werden lassen, dass es ohne eine wache Selbstbeobachtung gar nicht gehen kann. Er hat sich gleichsam eine „seelische Helmkamera" aufgesetzt, die – einmal eingeschaltet – einfach nur alles registriert, was er sagt, denkt, tut und fühlt. Sie zeigt ihm, wie schwer es ist, wirklich authentisch zu sein. Aber unser Mensch nimmt die Herausforderung an!

Phase 5 Seine innere Beobachtungsinstanz zeigt ihm Tag für Tag unheimlich viel, vor allem über sich selbst: Wie er auf Ereignisse reagiert, wie er auf Menschen zugeht oder ihnen ausweicht, was er in seinem Inneren von ihnen hält, was ihm Angst macht und was ihn herausfordert, wozu er sich zwingen muss und was ihm leicht von der Hand geht, wann er den Mut zur Ehrlichkeit hat und wann er ins Unverbindlich-Floskelhafte ausweicht. Die „seelische Helmkamera" ist zwar nicht dauernd eingeschaltet, aber doch sehr viel öfter als früher. Es kommt ihm jetzt leichter über die Lippen, zu sich selbst oder zu interessierten Anderen zu sagen: „Ich bin ein Mensch des Musters Soundso." Er sagt das sogar mit einem gewissen Stolz in der Stimme, wie jemand, der etwas herzeigt, was er sich durch einigen Schweiß und ehrliche Arbeit erworben hat.

Die Daten, die seine Beobachtungsinstanz liefert, sind mehr als Indizien; sie zeigen in Richtung kaum zu bezweifelnder Beweis. Er versteht immer mehr von seinen inneren Zusammenhängen, und wenn er es jemandem verdeutlichen will, verkürzt er es in: „So ticke ich." Was ihn aber noch mehr erstaunt, ist, dass er viel besser als früher andere Menschen intuitiv erfassen kann und – wie es scheint: fast mühelos – den richtigen Ton trifft, um sie zu erreichen. Ganz geheuer ist ihm das manchmal nicht, weil er noch nicht bis ins Letzte versteht, wie das so leicht zustande kommen kann. Die Erinnerung daran, wie er früher mit viel mehr Energieeinsatz viel weniger erreicht hat, ist noch sehr lebendig. Sie lässt in ihm fast den Vorwurf aufkeimen, warum ihm das alles nicht schon viel früher begegnet ist. Aber an wen sollte er den Vorwurf richten? Oder bildet er sich das Ganze vielleicht doch nur ein? Was, wenn er einer großen Selbsttäuschung zum Opfer gefallen wäre? Es wäre *die* Katastrophe seines Lebens!

Phase 6 „Irgendwie hast Du dich zu deinem Nachteil verändert, seit Du dich damit beschäftigst. Früher wussten wir, wo wir bei Dir dran waren, aber jetzt bist Du uns manchmal richtig fremd geworden!" Und das sagen ihm ausgerechnet Menschen, denen er vertraut, auf deren Meinung er zählt, die ihm sehr nahestehen. Das trifft tief und tut weh!

Wenn er an schlechten Tagen Zwischenbilanz zieht, dann fragt er sich manchmal selbst, ob es ihm früher ohne diese neuen Erkenntnisse nicht besser gegangen ist. Ob er – im vergleichsweise ahnungslosen Zustand – mit seinem Leben nicht doch unbeschwerter umgehen konnte und weniger Rücksicht nehmen musste, weil er in allem viel naiver, aber doch spontaner war? Ob er sich mittlerweile in dieser neunfach-gebrochenen Sichtweise schon so unkritisch eingerichtet hat, dass er sie bestätigt findet, einfach deswegen, weil er daran glaubt? Ob die Muster, so differenziert und dynamisch sie auch aufgefasst werden, nicht letztlich doch Schubladen sind? Ob seine Fähigkeit, Dinge so zu bezweifeln, dass er ihren Schwachpunkten auf die Schliche kommen konnte, einfach eingelullt und dadurch wirkungslos gemacht wurde? Ob die Ansicht, dass wir mit unserem Muster bereits zur Welt kommen, nicht doch in fahrlässiger Weise den Einfluss der Umwelt kleinredet? Ob es tatsächlich so ist, dass uns unser Ennea-Muster bis zum letzten Atemzug begleitet, und wir nur die Möglichkeit haben, uns innerhalb des Musters zu entwickeln? Dass wir also unwiderruflich nicht aus unserer Haut können? Und warum, wenn das alles wahr sein sollte, diese Erkenntnisse nicht in den wissenschaftlichen Mainstream Eingang finden, sondern dort als „esoterischer Quatsch“ abgetan oder gar nicht zur Kenntnis genommen werden?

Der Boden schwankt unter seinen Füßen und ihm wird schwindelig. Aber komischerweise fällt er nicht um, sondern beobachtet sich dabei, wie ihm der Boden unter seinen Füßen ins Schwanken gerät und er nicht umfällt, sondern – in sich versunken – plötzlich lächelt. Und indem er lächelt, fragt er sich, weshalb der Boden nicht mehr schwankt, und er ganz fest mit beiden Füßen auf der Erde steht. Genau versteht er das alles nicht, aber, in diesem Moment *keine* Angst zu haben und nicht zweifeln zu müssen, das fühlt sich verdammt gut an. Er spürt eine Stärke in sich, und die lässt ihn beschließen, dass das bisher Erreichte seinen Einsatz wert war. Der Preis war hoch, aber doch nicht zu hoch. Und seine bisher so nicht gekannte Entschlossenheit wird von keinem Zweifel mehr angenagt. Im Gegenteil: Sie macht ihn sicher, dass es für ihn einen Weg zurück nicht mehr geben wird.

Phase 7 Das fühlt sich gut an! Die Zweifel, die früher so an ihm genagt haben, sind wie weggeblasen. Mit dieser neu gewonnenen Energie kann nun gerade kommen, was will: Unser Mensch wird es meistern. So jedenfalls ist sein neues Lebensgefühl. Er muss jetzt nur sehr genau aufpassen, dass er nicht überdreht und die Bodenhaftung verliert. Denn am liebsten würde er dieses Neue mit möglichst vielen Menschen teilen, es verbreiten und Andere damit anstecken und sie animieren, es ihm gleich zu tun.

Seine diesbezüglichen Versuche stoßen auf ein ziemlich geteiltes Echo, manche fühlen sich von seiner Schwärmerei schlicht genervt, andere gehen höflich, aber doch entschieden auf Distanz. Nur mit ganz wenigen kommt er wirklich ins Gespräch. Und dabei fällt ihm auf, dass sein Herz zwar voll ist und sein Mund überquellen möchte, dass er aber mit der Skepsis seiner Gegenüber nicht wirklich umgehen kann. Sie kommen ihm wie Spielverderber vor, jedenfalls springt der Funke seiner Begeisterung nicht auf sie über. Sie stellen Fragen nach inneren Zusammenhängen und verlangen „Beweise“, die er jetzt beim besten Willen weder liefern kann noch mag. Ihm dämmert, dass das, was sein Herz so voll macht, seinen Kopf noch nicht erreicht hat. Und er ahnt, dass die Menschen, die voller Vorbehalte und Skepsis sind, sich gerade in ihrem Kopf „verschanzen“, um von seinen Botschaften nicht bedroht zu werden.

Zum Glück hat er die richtige Intuition: Er bricht seine „missionarische“ Tätigkeit ab, redet nur noch über das Thema, wenn er wirklich danach gefragt wird, und wenn er ein ehrliches Interesse bei seinem Gegenüber spürt. Aber es wird ihm keineswegs langweilig, denn es gibt so viel zu beobachten: am meisten bei sich selbst, aber auch viel Erhellendes bei Anderen. Erstaunt und verwundert stellt er fest, wie genau er sich selbst erkennen und den Anderen verstehen kann. Und wie sich sein Umgang infolgedessen verändert.

Phase 8 Nach überwundener Euphorie und einer Phase unaufgeregter Selbst-Beobachtung haben sich viele Zusammenhänge geklärt. Unser suchender Mensch ist zu einem selbstbewussten Musterbesitzer geworden, der tagein tagaus nicht aus dem Staunen heraus kommt, wo und wann sich sein Ennea-Muster zeigt, und wie sehr es sein Denken, Fühlen und Handeln bestimmt. Es wird ein immer selbstverständlicherer Teil von ihm, dem er mittlerweile mit wachsendem Respekt begegnet. Ihm wird sehr klar, dass es die Ausdrucksform seiner *Lebensenergie* ist, die mit wunderbar stimmiger Logik sein So-Sein möglich macht. Und dass er es in der Hand hat, wie die persönliche Kosten-Nutzen-Relation ausfällt: Ob er unter seinem Muster leidet oder ob es ihm dient. Er lernt auch zu verstehen, dass Letzteres nur dann der Fall ist, wenn er radikal damit aufhört, ein Anderer sein zu wollen als der, der er ist. Denn nur dann ist er wirklich gut.

Mit zunehmender Versöhnung gelingt es ihm immer öfter, zwischen sich und sein Ego eine selbstironische Distanz zu stellen. Verwundert stellt er fest, dass seine Umwelt das fast unwiderstehlich findet: Sie scheinen ihn nun anders zu mögen als früher, und er muss dafür so gut wie gar keine Manöver mehr machen. Die Wertschätzung scheint ihm einfach zuzufliegen. Je mehr ihm auch das alles vertraut wird, desto deutlicher spürt er tief in seinem Inneren ein Gefühl der Dankbarkeit. Merkwürdigerweise hat er aufgehört, sich selbst die vielen positiven Erfahrungen als Verdienst zuzurechnen. Ihm wird im Nachhinein klar, dass er genau damit in seinem früheren Leben mit schöner Regelmäßigkeit Abstürze und emotionale Krisen vorbereitet hat.

Wenn er sein jetziges Lebensgefühl beschreiben sollte, dann würde er es wahrscheinlich als Getragen-Sein bezeichnen. Verblüffend findet er die Beobachtung, dass er keinen Nervenkitzel vermisst. Es fühlt sich an, als sei er ein selbstverständlich zugehöriges Element in einem großen Fluss, der ihn liebevoll umfängt. Am meisten erstaunt ihn jedoch, wie sehr sich seine Einstellung zu seinen Mitmenschen geändert hat: Während er früher öfter eine Art Filter (als ironische Distanz, als selektives Zuhören, als innere Absetzbewegung) zwischen sich und den Anderen verspürte – und meistens auch froh war, dass es diesen Filter gab –, empfindet er ihn heute als störend. Es liegt ihm viel mehr daran, Menschen unverstellt und unmittelbar zu begegnen. Oft verspürt er Mitgefühl, ohne sich im Geringsten darum zu bemühen. *Mit-*

menschlichkeit hat für ihn eine völlig neue Bedeutung erhalten, denn seine Antennen für die innere Not Anderer sind viel feiner justiert als sie es jemals waren.

Phase 9 Unser suchender Mensch ist bei sich selbst angekommen. In den scheinbar vertrauten Räumen seines inneren Hauses gibt es so viel Neues zu entdecken, und er ahnt, dass sich hinter den bekannten Räumen neue auftun, die noch mehr Überraschungen bergen. Und das Fundament ist so solide konstruiert, dass es Aufstockungen ohne weiteres tragen würde, sollten diese erforderlich werden.

Er ist zum überzeugten Hausbesitzer geworden, und das verkörpert er mit unprätentiöser Selbstverständlichkeit. Es käme ihm auch nicht mehr in den Sinn, neidisch über den Zaun des Nachbarn zu schauen und festzustellen, dass dessen Gras grüner ist. Wenn er sein Gras gerne grüner hätte, würde er seinen Nachbarn ganz unbefangen fragen, wie er das Ergebnis erzielt hat. Sein von ihm eigenhändig gestalteter Vorgarten ist ein Platz zum Wohlfühlen. Und er ist zudem einladend, weil sein niedriger Zaun freimütige Einblicke gewährt und für den Austausch aufgeschlossen ist. Wer ihn in seinem Haus besucht, dem bleibt nachhaltig der Eindruck „guter Energie“ haften. Über allem liegt eine Aura von Harmonie und Stimmigkeit, von friedlichem Wohlwollen. Diesen Menschen möchte man zum Freund haben.

Im Blick zurück gibt es von seiner Seite kein Hadern und keine Selbstvorwürfe. Weder für die Umwege, die er ahnungslos gegangen ist, noch für die Abkürzungen, von denen er ahnte, dass sie ihn teuer zu stehen kommen würden. Das alles ist nun einfach nur Teil seiner Geschichte, und auf die blickt er mit einem Anflug von berechtigtem Stolz. Es ist schließlich seine Willenstat gewesen, nicht aufzugeben. Mit nüchternem Blick und mit Dankbarkeit registriert er die Umstände, die ihm in die Hände spielten. Er einigt sich mit sich selbst auf die Proportion 51:49 zugunsten seiner Initiative. Denn er weiß: Diese Winzigkeit hat den alles entscheidenden Unterschied gemacht.

Hier nun angekommen, genießt er die gelassene Achtsamkeit, mit der er fortan die Dinge des Lebens betrachten kann. Er weiß unverbrüchlich, dass er getragen ist und bleibt, ganz gleich, was immer ihm widerfahren wird. Aber er weiß auch, dass sein Weg keineswegs zu Ende ist. Beruhigend ist, dass er die „Ochsentour" hinter sich hat, und dass er von dieser erhöhten Position einen besseren Blick dafür hat, wohin es als nächstes gehen soll. Eine neue Oktav wird beginnen. Er wird es mit Freude tun, denn Muskelschwund durch Herumsitzen möchte er auf keinen Fall riskieren. Dafür liebt er das Leben zu sehr.

6. Eine kritische Sichtung verwendeter Begriffe

Weiter oben habe ich dargelegt, dass alle unsere Entwicklungsmöglichkeiten letztlich davon abhängen, ob wir unser Ennea-Muster genau erkennen oder nicht. Mithin ist dies ein Thema von entscheidender Wichtigkeit. Und die Praxis zeigt, dass es eines der schwierigsten und kontroversesten Themen ist: komplex, mehrdimensional und für Anfänger nur schwer greifbar – eben wie die Grundstruktur der Enneagramm-Theorie selbst.

„Typing is an art"[9], heißt es bei *Sandra Maitri*. „Kunst" ist in diesem Zusammenhang m. E. keine Übertreibung, leider aber auch kein Trost. Denn wenn die „Verwertungsmöglichkeit" der Idee so eng an die Präzision der Diagnose geknüpft ist, dann bleibt uns nur, auf das Finderglück zu hoffen, das uns mit einem „Künstler" zusammenbringt, der sein Metier virtuos beherrscht. Oder wir erreichen dieses Niveau selbst. In beiden Fällen wäre es das Ende der Aussicht, die Idee wegen ihrer nützlichen Folgen *zu verbreiten*; sie bliebe ein Minderheitenprivileg. Und damit möchte ich mich schon deshalb nicht abfinden, weil sich die Behauptung der Wirkmächtigkeit wie ein roter Faden

9 „Typing is an art that requires stepping out of our subjective perspective and contacting the feel of another person's soul." S. Maitri: The Spiritual Dimension of the Enneagram, S. 286

durch meine gesamte bisherige Argumentation zieht. Es muss also noch eine andere Möglichkeit geben.

Einer der bleibend positiven Eindrücke aus meinen Studien der Werke Gurdjieffs ist seine eindringliche Aufforderung an alle, die mit den Ideen des *Vierten Weges* im Allgemeinen und mit der Enneagramm-Idee im Besonderen arbeiten, sich zu größtmöglicher Präzision im sprachlichen Ausdruck zu verpflichten. Was das bedeutet und wie es sich auswirkt, davon geben seine Veröffentlichungen ein beredtes Zeugnis. Für unsere Fragestellung leite ich daraus ab, zunächst einige Sorgfalt auf die Begriffsklärung verwenden zu sollen, denn hier gibt es im Bereich des „Enneagramms der Persönlichkeit" weder Standards noch den Hauch einer Bemühung um Einheitlichkeit bzw. Vergleichbarkeit. Jede und jeder scheint seinen Vorlieben nachzugehen oder übernimmt einfach unkritisch und ungeprüft Begrifflichkeiten.

Fangen wir also ganz von vorne an und fragen uns, über was wir eigentlich reden, wenn wir den Begriff „Enneagramm" verwenden. Eindeutig bezeichnet dieser Begriff ja nur die merkwürdige Figur, die aus einem Kreis, einem gleichseitigen Dreieck und einem unregelmäßigen Sechseck zusammengesetzt ist. Mit dem „Enneagramm der Persönlichkeit" hingegen meinen wir eine konsistente Theorie über Merkmalsklassen, die charakterliche, motivationale und sonstige psychologische Eigenschaften von Individuen beschreiben. Letztere grenzen sie auf diese Weise deutlich ab von anderen Individuen, die diese Merkmale nicht oder nicht in dieser Ausprägung besitzen.

Zugleich meinen wir mit dem „Enneagramm der Persönlichkeit" aber auch, dass diese Merkmalsklassen untereinander in mehr oder weniger engen Beziehungen stehen. Letztere sind durch weitere Parameter sehr genau zu beschreiben, denn es gibt in dieser Theorie keine zufällige Anordnung, sondern nur eine genau definierte innerhalb des Enneagramm-Symbols: Verbindungen entstehen auf dem Kreisbogen (mit dem und gegen den Uhrzeigersinn) und durch die Verbindungslinien im Inneren der Figur (vorwärts und rückwärts).

6.1 Was genau die neun Orte beschreiben und wofür sie stehen

Theoretisch stehen sie für alles, was zur Kennzeichnung eines individuellen Menschen, seiner Stellung und Verortung in der Welt herangezogen werden kann. Dadurch wird er mit *wenigen* Anderen vergleichbar und von *vielen* Anderen unterscheidbar. Praktisch wird die Fülle der theoretisch möglichen Kriterien auf eine Auswahl reduziert. Diese wiederum hängt von der Provenienz und Kompetenz der Autoren ab: Psychologen/Psychiater werden eher auf tradierte Charakter- oder Persönlichkeitstypologien aufbauen und diese fortschreiben, Theologen werden die Bezüge zu ihrer religiösen Tradition herausstellen und das hermeneutische Potenzial im geistig-spirituellen Bereich begrüßen. Die unüberschaubar große Zahl der Anwenderinnen und Anwender weltweit arbeitet hingegen den pragmatischen Nutzen dieser Sichtweise für ihren jeweiligen Bereich heraus.

Im Laufe der letzten beiden Jahrzehnte ist eine schier unüberschaubare Gemengelage entstanden. Diese besteht aus einer ebenso babylonischen Vielfalt von Etiketten bzw. Kennzeichnungsversuchen dessen, was die oben genannten Merkmalsgruppen eigentlich bezeichnen wollen.[10] Weil unsere Gehirne der Wunsch eint, Komplexität zu reduzieren, ist die Bezeichnung „Typ" die in dieser Hinsicht vielversprechendste und am häufigsten verwendete Lösung. Zumal wir hier eine Kontinuitätslinie mindestens bis in die Antike vorfinden, auf die wir uns beziehen können. Bemerkenswert finde ich die Tatsache, dass Claudio Naranjo bereits in seiner ersten Veröffentlichung einen, wenn auch halbherzigen, Versuch unternommen hat, eine direkte Gleichsetzung zu vermeiden. Er führte die Bezeichnung Ennea-Typ (engl. *ennea-type*) ein, um eine Besonderheit gegenüber dem Tradierten hervorzuheben.[11]

Der Begriff „Typ" leitet sich vom griechischen *typos* für das „Urbild" oder „Vorbild" ab. Er suggeriert, dass das Bezeichnete eine in sich abgeschlossene Ganzheit ist, die eigenständig neben anderen Ganzheiten steht. Und genau

10 Vgl. hierzu Susan Rhodes: Archetypes of the Enneagram. Seattle 2010, z. B. S. 151.
11 C. Naranjo: Ennea-Type Structures. Self-Analysis for the Seeker. Nevada City 1990.

hier liegt meines Erachtens bereits ein Problem: Unreflektiert übernehmen wir mit diesem Begriff einen Bedeutungshof, der das Fundament zu einem „Schubladendenken“ legt – einem der am häufigsten geäußerten Vorurteile gegen das „Enneagramm der Persönlichkeit“. Wenn die Assoziation der in sich abgeschlossenen Ganzheit nämlich bereits vom Begriff her naheliegend ist, dann werden wir durch dessen bloße Verwendung dieses Denken allmählich übernehmen. Unsere Wortwahl trägt also (ungewollt) dazu bei, den Klischee- und Schubladen-Verdacht gegen die Idee auszulösen.

Es muss also bereits im Bereich der Sprache Abhilfe geschaffen werden, denn mit der Bezeichnung „Typ“ ignorieren wir die Tatsache, dass es dynamische Beziehungen der neun „Orte“ (Merkmalsklassen) untereinander gibt, und, genau genommen, keiner von ihnen ohne die direkte Beziehung zu zwei anderen gedacht werden kann. Das gilt ganz eindeutig so für das Dreieck. Für die „Orte“ im Hexagramm, dem unregelmäßigen Sechseck, gibt es daneben noch weitere Beziehungen, die sich in Abstufungen voneinander entfernen, gleichsam wie Verwandtschaften 3. Grades und noch weiter entfernter.

6.2 Was die beste Bezeichnung für die neun Orte ist

Wer die Bezeichnung „Typ“ verwendet, läuft (vermutlich ungewollt) Gefahr, die Tatsache der dynamischen Verbundenheit zu leugnen und damit das zu ignorieren, was das „Enneagramm der Persönlichkeit“ qualitativ von herkömmlichen Typologien unterscheidet. Die Ausprägung der Ennea-Merkmalsklasse hängt nämlich unter anderem davon ab, mit welcher der beiden direkten Verbindungen der Austausch stärker ist. Wir nennen die beiden Resultate *Entwicklung* oder *Verwicklung*.

Ich habe bereits in meinem ersten Enneagrammbuch (1997) vorgeschlagen, von „Ennea-Muster“ statt von „Ennea-Typ“ zu reden und habe das in den weiteren Veröffentlichungen (2008 und 2013) konsequent beibehalten. Folgerichtig habe ich dann auch (2008) die geläufige Bezeichnung *Subtyp* in *Mustervariante* verändert. Jemandem, der keinen Zusammenhang zwischen den von uns verwendeten Begriffen und unserem Denken, Fühlen und Handeln sieht, mag das wie eine Spitzfindigkeit oder unnötige Verfeinerung vorkommen. Für mich selbst kann ich berichten, dass diese andere Bezeichnung einen Unterschied macht: Ein *Typ* hat in meinem Denken assoziativ kaum eine Chance auf Veränderung. Ein *Muster* hat sie hingegen sehr wohl, denn es ist eher Fließgestalt als eine Schablone. Die Fähigkeit, sich veränderten Kontexten anzupassen, ist seine wesentliche Eigenschaft. Ich empfehle, den behaupteten Unterschied einmal im eigenen Denken auszuprobieren und dessen Wirkungen an sich selbst zu beobachten.

Den eigentlichen Anstoß für diese alternative Begriffswahl bekam ich durch das Studium der Werke von *Gregory Bateson*. Er gilt als der Begründer der Kommunikationsforschung und hat – ähnlich wie *Martin Buber* und *Gurdjieff* – seine Fragestellungen über verschiedene Fachdisziplinen ausgeweitet. Um Antworten zu finden, die der Komplexität des Lebendigen angemessen sind, war es für ihn ebenfalls unausweichlich, diese Grenzen zu überwinden.

6.3 Das Muster, das verbindet – ein Exkurs zu Gregory Bateson

Gregory Bateson, *Georg Iwanowitsch Gurdjieff* und *Martin Buber* könnten, obwohl sie sich leibhaftig mit ziemlicher Sicherheit nie begegnet sind, im Olymp der großen Geister des 20. Jahrhunderts in guter Nachbarschaft miteinander sein und erheitert feststellen, dass sie sehr, sehr viel gemeinsam haben. Alle drei haben ihre Lebens- und Schaffenskraft in den Dienst der Beantwortung sehr ähnlicher Fragen gestellt: Was ist der Mensch? Was ist das Lebendige? Gibt es eine kosmische Ordnung? Und falls ja: Wie können wir sie erkennen? Was dürfen wir heute „heilig“ nennen?

Alle drei waren erfüllt von der Mission, uns – die Menschheit – davon abzuhalten, sehenden Auges den Schritt zu tun, der nach ihrer Auffassung unweigerlich in den Abgrund führt, und den wir im Begriff sind, unverdrossen vorzubereiten. Alle drei könnten „von oben“ die tiefen Spuren sichten, die sie wirkungsgeschichtlich hinterlassen haben. Und alle drei werden vermut-

Gregory Bateson

Geb. 9. Mai 1904 (Grantchester, UK) – gest. 4. Juli 1980 (San Francisco, USA)

Gregory Bateson ist der Sohn des berühmten engl. Genetikers William Bateson. (Er gab ihm den Vornamen im ehrenden Andenken an Gregor Mendel, den Begründer der Genetik.)

Batesons wissenschaftliches Interesse betraf die Gebiete Anthropologie (er war von 1936 bis 1950 mit der berühmten Kulturanthropologin Margaret Mead verheiratet und forschte mit ihr in Guinea und Bali), Sozialwissenschaften, Linguistik, Kybernetik und Systemtheorie. Er trug maßgeblich zu deren Entwicklung bei.

Über den wissenschaftlichen Bereich hinaus werden folgende herausragende Leistungen mit seiner Person verknüpft bleiben:

- Die Beschreibung der grundlegenden Bedingungen der menschlichen Kommunikation (populär geworden durch Watzlawicks „fünf Axiome"),
- die Doppelbindungstheorie der Kommunikation („double bind"), die ursprünglich als Erklärungsmodell zur Entstehung der Schizophrenie angelegt war,
- das Konzept des Deutero-Lernens („Lernen, wie man lernt"),
- die Definiton des Informationsbegriffs („ein Unterschied, der einen Unterschied macht").

Seine grundlegenden Arbeiten zu der Frage, wie wir erkennen (und welche Irrtümer uns dabei unterlaufen), halte ich für ein sehr nützliches Instrument für den Versuch, unser enneagrammatisches Begriffsinventar kritisch zu befragen.

lich darüber schmunzeln, dass sie mit ihren Botschaften vor allem Menschen erreicht haben, die sie ursprünglich gar nicht ausdrücklich als Adressaten im Blick hatten. Alle drei einte die tiefe Überzeugung, dass wir uns als Menschen im Allgemeinen und als Forschende im Besonderen um höchstmögliche Präzision des sprachlichen Ausdrucks bemühen müssen. Alle drei riskierten (und erlitten) den Umstand, als *Unzeitgemäße* missverstanden zu werden, weil sie bereits Antworten entwickelten, für die wir Anderen erst ganz allmählich die Fragen formulieren können.

Es gibt aber auch bemerkenswerte Unterschiede: Während Gurdjieff und Bateson – als Menschen der Tat – buchstäblich den Globus als ihr Forschungsfeld betrachteten (und benutzten), um Antworten auf ihre brennenden Fragen zu finden, war Buber relativ sesshaft und versuchte, von seinem Schreibtisch und aus seiner Bibliothek erkenntnistheoretisch gleichsam „zum Mittelpunkt der Erde“ vorzustoßen. Enneagrammatisch betrachtet, bedienen die drei Geistesheroen des 20. Jahrhunderts absichtslos ein Klischee: Gurdjieff mutmaßlich als Mensch des Musters ACHT, Bateson mutmaßlich als Mensch des Musters ZWEI und Buber mutmaßlich als Mensch des Musters FÜNF.

Wer also die Kühnheit besitzt, einen *synoptischen* Blick auf die Erträge ihrer Lebenswerke zu richten, wird mit dem meines Erachtens Besten aus drei Erkenntniswelten belohnt: dem Denk-, dem Emotions- und dem Bewegungszentrum. Und wer es wagt, die verschiedenen Einsichten für *komplementär* zu halten, und sie deshalb aktiv miteinander in Verbindung bringt, wird ein Erkenntnis-Fest feiern können. (Für dieses konkret vor Ihnen, liebe Leserinnen und Leser, liegende zweidimensionale Medium „Buchseite“ kann es als Einführung bestenfalls für Festvorbereitungen einfachster Art reichen – also für nicht mehr als ein Appetithäppchen.)

Mit dem Werk Martin Bubers und dessen Verbindung zum Enneagramm habe ich mich in erster Annäherung in meinem Buch „Wie anders ist der Andere?“ auseinandergesetzt. Gurdjieffs Werk habe ich in einem eigenen Buch darzustellen versucht („Bejahen, Verneinen, Versöhnen.“). Bateson habe ich bisher nur mit einem Ausschnitt aus seinem Werk gewürdigt, nämlich seine systemtheoretische Interpretation der 12 Schritte der AA.[12] In Bezug auf weitere Dimensionen seines Werkes – und möglicherweise herauszulesender Verbindungslinien zur Enneagramm-Idee – gibt es noch einiges zu tun, zumal mir auch keine Versuche anderer Autorinnen und Autoren bekannt sind, die diesen Weg bereits beschritten hätten. Die losen Enden beider Welten warten also gleichsam noch darauf, miteinander verknüpft zu werden.

Wie Buber und Gurdjieff hatte Bateson keinerlei Berührungsängste, sich mit Fragestellungen zu befassen, die nach anderen Antworten verlangten, als sie die formale Logik bereithält. Unerschrocken betrat er den Bezirk des Geistigen, indem bekanntlich das Paradox die besseren Erklärungen liefert. Als Biologe und Anthropologe suchte er nach passenden wissenschaftlichen Mitteln, um die Essenz dessen zu verstehen, was wir das Lebendige nennen. Um die Antwort vorweg zu nehmen: Es sind in erster Linie *Beziehungen* der Elemente oder Objekte der Betrachtung untereinander, die das Lebendige konstituieren. Ein Bericht darüber, wie Bateson Studenten seine Art zu Denken vermittelt hat, möge das Gesagte illustrieren.

In eine Lehrveranstaltung brachte er zwei Papiertüten mit, die erste enthielt einen frisch gekochten Krebs. Er konfrontierte seine Studierenden mit folgender Aufgabe: „Ich möchte von Ihnen Argumente hören, die mich davon überzeugen werden, dass dieses Objekt ein Überbleibsel eines Lebewesens ist." Er schlug ihnen vor, sich als Marsbewohner dieser Aufgabe zu widmen, also unbelastet von jedem Vorwissen. „Wie würden sie zu dieser Schlussfolgerung gelangen?" Er wollte sie an die Grenzlinie zweier Welten führen: die Welt des Lebendigen und die Welt des Unbelebten. In der Ersteren (auch seit alters her *creatura* genannt) werden „*Unterscheidungen* getroffen und *Unterschiede* können Ursachen sein"; in der Letzteren (auch *pleroma* genannt, die „Welt unbelebter Billardkugeln") sind Kräfte und Wirkungen die „Ursachen" von Ereignissen.

12 W. Reifarth: Wie anders ist der Andere?, S. 156 ff.

Die Studierenden nannten ihre Beobachtungen: Der Krebs sei symmetrisch, seine rechte und seine linke Seite seien gleich, aber doch auch wieder nicht, weil eine Schere größer als die andere war. Und bei näherer Betrachtung bemerkte einer, dass sie, trotz des Größenunterschiedes, aus den gleichen Teilen aufgebaut seien. Bateson zeigte sich erfreut, denn der Student tat in seinen Augen etwas Bemerkenswertes: Er verwarf die Asymmetrie in der Größe zugunsten einer tieferen Symmetrie in den formalen Verhältnissen. Und damit hatte er nach Batesons Meinung etwas entdeckt, was den Krebs als Lebewesen, als Mitglied der *creatura*, charakterisierte: Im Lebendigen geht es niemals um Quantitäten, sondern immer um Gestalten, Formen und Relationen. Alles Lebendige durchzieht ein Grundmuster, das sich auch in unserem Körper wiederfindet: „Der Oberarmknochen entspricht dem Oberschenkelknochen, und die Speiche entspricht dem Schienbein; die Handwurzelknochen entsprechen dem Fußwurzelknochen; die Finger entsprechen den Zehen. Die Anatomie (...) beruht auf Wiederholung und Rhythmus.“[13]

Die so zu beobachtenden Muster innerhalb eines Individuums (z. B. dem Krebs) nennt Bateson „Verbindungen erster Ordnung“, also die Teile jedes Mitglieds der *creatura* mit seinen anderen Teilen. „Verbindungen zweiter Ordnung“ nennt er die entdeckten ähnlichen Relationen, die gattungsüberschreitend sind (z. B. zwischen Hummern, Krebsen, Pferden und Menschen). „Verbindungen dritter Ordnung“ ergeben sich aus dem *Vergleich* zwischen Krebsen und Hummern und dem *Vergleich* zwischen Menschen und Pferden. Wir haben es also mit einer „Stufenleiter des Denkens“ zu tun. Sie entsteht, wenn wir über das „Muster, das verbindet“, nachdenken. Bateson weist darauf hin, dass es genaugenommen ein *Muster von Mustern* ist, also ein *Metamuster*.

Und was befand sich in Batesons zweiter Papiertüte? Es war „eine wunderschöne große Muschelschale.“ (S. 20) Und wieder fragte er die Studenten, woran erkennbar sei, dass „die spiralförmige Schale Teil eines Lebewesens

13 G. Bateson, Geist und Natur, S. 17 f. (Die folgenden Seitenangaben beziehen sich auf dieses Werk.)

war". Im Unterschied zum vorher untersuchten Krebs war die Schale aber weder achsensymmetrisch noch so übersichtlich in Segmente aufgeteilt. Bateson macht den Leser schon vorab zum Mitwisser der richtigen Lösung, in dem er erläutert, dass „alle Spiralen in dieser Welt (...) in der Tat von Lebewesen hervorgebracht werden." Denn die Spirale sei eine Figur, die sich in *einer Dimension* entwickele, indem sie an ihrem offenen Ende etwas anfüge. Dadurch behalte sie im Wachstum ihre *Gestalt* (d. h. ihre Proportionen) bei.

Den Studierenden war also das, was sie vorher vom Krebs erkannt hatten, nun keine Hilfe mehr. Vielmehr mussten sie neue Muster herausfinden, nämlich, „(a) dass Symmetrie und Zellteilung eine Folge des Wachstums sind, (b) dass Wachstum formale Anforderungen stellt, und (c) dass eine davon (...) durch die Spiralform erfüllt wird." Interessant finde ich Batesons Schlussfolgerung aus dem soeben Gesagten: Die Muschelschale der Schnecke „verkörpere" also einen Bericht darüber, wie sie in *ihrer eigenen Vergangenheit* ein formales Problem der Musterbildung gelöst habe. Damit gehöre sie zu dem Muster der Muster, das verbindet.

Aus den erwähnten Beispielen zu schließen, dass das Muster, das verbindet, eine statische bzw. erstarrte Angelegenheit sei, sei keinesfalls beabsichtigt. Vielmehr seien die vorgefundenen Formen das fixierte Ergebnis vorangegangener regelmäßiger Veränderungen. Bateson meint, dass wir dazu erzogen seien, Muster als etwas Festes aufzufassen, was aber „natürlich vollkommener Unsinn" sei. In Wahrheit sei das Muster, das verbindet, primär einem „Tanz ineinandergreifender Teile" vergleichbar. Erst in zweiter Linie sei es durch physikalische Grenzen festgelegt.

Das erinnert mich an eine Geschichte

Ein Mann wollte wissen, wie es sich mit dem Geist verhält – nicht in der Natur, sondern in einem großen Computer. Er fragte ihn (zweifellos in makellosem Fortran[14]): „Rechnest du damit, dass du jemals denken wirst, wie ein mensch-

14 Programmiersprache

liches Wesen?" Die Maschine machte sich daran, ihre eigenen Rechengewohnheiten zu analysieren. Schließlich druckte sie ihre Antwort aus, wie dies solche Maschinen zu tun pflegen. Der Mann eilte hin, um die Antwort zu erfahren, und fand die sauber getippten Worte vor:

Das erinnert mich an eine Geschichte

(Aus: Bateson, Geist und Natur, S. 22)

Bateson geht davon aus – und hier liegt er ganz nahe bei Gurdjieff – dass der Computer Recht habe, weil wir *Menschen mit Hilfe von Geschichten denken*. Er geht noch weiter: Die Verbindung von allem in der Welt entstehe durch Geschichten, denn diese Eigenschaft sei allem Geist gemeinsam. Wenn A und B Komponenten derselben Geschichte seien, entstehe *Relevanz*[15]. Das Denken mittels Geschichten verhindere, dass es „zu einer Isolation der menschlichen Wesen von den Seesternen und den Seeanemonen, den Kokospalmen und den Primeln" führe. Insofern ist es folgerichtig, dass er eine *Geschichte* definiert als einen kleinen „Knoten oder Komplex der Art von Verbundenheit, die wir als *Relevanz* bezeichnen". (S. 22)

Und ein weiterer zentraler Begriff ist der *Kontext*. Er bezeichnet die Kraft, die A und B in einer Geschichte zusammenhält. Bateson nennt den Kontext ein *Muster in der Zeit*. Kontext ist mit *Bedeutung* verknüpft, denn ohne Kontext haben weder Worte noch Handlungen eine Bedeutung. Er meint, das gelte nicht nur für die menschliche Kommunikation mit Worten, sondern „für alle Kommunikation schlechthin, für alle geistigen Prozesse, für jeglichen Geist, den eingeschlossenen, der einer Seeanemone sagt, wie man wächst, und der Amöbe mitteilt, was sie als nächstes tun soll." (S. 25) Er hält „Kontext" für das *angemessene*, sogar für das *notwendige* Wort, „um alle

15 Das „Enneagramm der Persönlichkeit" kann als eine Ansammlung von neun „Geschichten" verstanden werden. Ihre Überschriften: „Ohne mich würde die Welt im Chaos versinken." (EINS); „Ohne mein Eingreifen käme die Welt nicht zurecht." (ZWEI); „Ohne mich nur Stillstand ringsherum." (DREI); „Kein Ort. Nirgends." (VIER); „Durch mich zur Erkenntnis!" (FÜNF); „Wo lauert der Feind?" (SECHS); „Was wäre die Sonnenseite des Lebens ohne mich?" (SIEBEN); „So stark, so potent, so unangreifbar!" (ACHT); „Alles wird gut!" (NEUN)

diese entfernt verwandten Prozesse zu beschreiben." Und in einer Klammerbemerkung gibt er noch einen interessanten Hinweis: Das, was wir *Verhalten* nennen, sind „diejenigen Geschichten, die nach außen in ‚Handlung' projiziert werden". (S. 23) Das führt uns unmittelbar zum Ausgangspunkt unseres geistigen Ausflugs zurück.[16]

6.4 Das „Enneagramm der Persönlichkeit" aus systemischer Sicht

Es wäre gewiss verlockend, noch tiefer in Batesons Gedankenwelt einzudringen und noch mehr davon mitzuteilen. Ich habe jedoch Bedenken, allmählich die Verbindung zum *Kontext* unseres Themas zu verlieren. Deshalb möchte ich – zumindest als Zwischenschritt – die *Bedeutung* seiner Einsichten auf unsere Ausgangsfragestellung untersuchen und zurückbeziehen. (Zur Erinnerung: Ich habe behauptet, dass der Begriff „Typ" weniger gut geeignet sei als der Begriff „Muster", um das zu benennen, was die individuelle Ausprägung des Merkmalskomplexes beschreibt, der neunfach im „Enneagramm der Persönlichkeit" differenziert wird. Alle mitgeteilten Einsichten Batesons können hierfür m. E. als Beleg gelten, vor allem die Möglichkeit, mit ihrer Hilfe die *Dynamik des Lebendigen* zu erfassen.)

Einmal angenommen, diese kurze Einführung wäre ein tauglicher Versuch gewesen, mit Batesons Denken einen ersten Kontakt zu stiften, dann wäre es an dieser Stelle kein allzu großes Wagnis, eine Definition zu versuchen, *was das „Enneagramm der Persönlichkeit" ist.* So lautet mein Vorschlag:

> Ein Ennea-Muster beschreibt Regelmäßigkeiten im geistig-seelischen System von Menschen. Es besteht aus einer Summe von Eigenschaften, von denen auf

16 Bemerkenswert finde ich die Übereinstimmung mit Gurdjieffs Konzept „Singing your song." Es ist gleichsam die musikalische Variante der „Geschichte", die unser Verhalten immer aufs Neue wiederholt, wenn wir im Bann unserer negativen Emotionen gefangen sind.

Einzelheiten geschlossen werden kann, die sich zeigen würden, wenn ihre Gesamtheit sichtbar wäre.[17]

Hierzu noch einige Anmerkungen:

- *Regelmäßigkeiten* meint eine stabile Wiederkehr auf der Zeitachse und/oder ein voraussagbares Auftreten unter bestimmten Kontext-Bedingungen.

- *Geistig-seelisches System* ist im Sinne der Definition von Bateson gemeint: Die Elemente des Systems interagieren miteinander (d. h. sie schaukeln sich hoch oder können sich gegenseitig neutralisieren), weil sie miteinander in Verbindung stehen und kommunizieren.
- *Summe von Eigenschaften* ist nicht an ein quantitatives Maß gebunden. Wahrscheinlich kann schon bei einem Ensemble von mehr als drei Eigenschaften auf das ganze Muster geschlossen werden, wenn diese für das Muster bedeutsam sind.
- *Gesamtheit* ist hier als theoretische Größe gemeint. Es ist vermutlich theoretisch kaum lösbar und praktisch unmöglich, die Fülle aller Eigenschaften für ein Muster nach oben hin zu begrenzen, denn es bieten sich durch jede Erklärung immer feinere Nuancen und Differenzierungen zur Komplettierung des Bildes an. Für unsere Zwecke genügt eine pragmatische Definition, dergestalt, dass eine „Gesamtheit“ bereits dann gegeben ist, wenn sie zu einer intersubjektiven Übereinstimmung bei dem Versuch führen würde, sie zu identifizieren.

Wenn wir ein Ennea-Muster genauer betrachten, entdecken wir, dass es in seinem Inneren eine Hierarchie der Wirkungsgrade gibt: Die *Vorherrschenden Leidenschaften* sind einflussreicher bzw. wirkmächtiger als die von ihnen „eingefärbten“ konkreten *Verhaltensweisen*. Die unter diesem Verhalten liegenden *Motive* sind gleichsam mittelwertig, denn sie haben einen kleine-

17 Dieser Definition liegen Formulierungen Batesons zugrunde. Ich habe sie als Versatzstücke aus verschiedenen Fundorten zusammengefügt und für die Zwecke dieses Buches adaptiert.

ren Wirkungsgrad als die „Leidenschaft“ und einen größeren als die konkreten Verhaltensweisen.

In Batesons Ideenwelt wird manchmal statt *Geschichte* auch *Metapher* verwendet. Wenn wir die Vorherrschende Leidenschaft eines Musters als dessen zentrale Metapher ansehen (der „Zornige“, der „Hochmütige“, der „Eitle“ usw.), dann ließe sich noch ein weiterer definitorischer Akzent hinzufügen:

> „Enneagrammatisch gesehen, ist ein Mensch seine eigene zentrale Metapher, denn er benutzt unbewusst seine eigene innere Struktur zum Verständnis seiner Umwelt und dazu, seine Reaktionen auf sie zu organisieren und hervorzubringen.“[18]

6.5 Warum Diagnostik keine passende Bezeichnung ist

Genauso schmerzfrei wie vom „Typ“ die Rede ist, wird der Prozess seiner Erkenntnis bzw. Entdeckung „Diagnostik“ genannt. Im Prinzip lassen sich Argumente mit ähnlicher Zielrichtung ins Feld führen, um die Eignung dieses Begriffs in Frage zu stellen. Wenn wir uns den Bedeutungshof von „Diagnostik“ anschauen, dann lernen wir Folgendes:

> „Die Diagnose (griechisch *diágnosis* ‚Unterscheidung, Entscheidung‘, aus *diá-*, ‚durch-‘ und *gnósis*, ‚Erkenntnis, Urteil‘ ist in den Ärzte- und Psychotherapieberufen sowie in den Gesundheitsfachberufen oder der Psychologie die genaue Zuordnung von Befunden (diagnostischen Zeichen oder Symptomen) zu einem Krankheitsbegriff oder einer Symptomatik im Sinne eines Syndroms. Das festgestellte Syndrom ergibt zusammen mit der vermuteten Krankheitsursache und -entstehung die Diagnose. Im weiteren Sinn handelt es sich bei der Diagnose um die Klassifizierung von Phänomenen zu einer Kategorie und deren Interpretation, etwa denen der ‚Gesundheit’ oder des ‚Krankseins’“.
>
> (Quelle: Wikipedia; Stichwort: Diagnose)

18 Diese Formulierung ist meine Adaptation einer Glossar-Definition aus Bateson: *Wo Engel zögern*.

Daran ist inhaltlich gar nichts auszusetzen – im Gegenteil: Es wird genau und komplex definiert, was der Begriff meint. Gleichsam im Huckepack nehmen wir jedoch etwas mit, von dem wir uns genau überlegen sollten, ob wir das wirklich so haben wollen: Unversehens assoziieren wir nämlich die Enneagramm-Idee mit den Dimensionen *Gesundheit* und *Krankheit*. Und dadurch erzeugen wir einen Bedeutungshof, dessen negative Auswirkungen eindeutig überwiegen und ein Bild von der Idee, das im Lichte des oben Gesagten zumindest kontraproduktiv, wenn nicht gar sachlich falsch ist.

6.6 Unser Ennea-Muster ist weder eine Krankheit noch eine Behinderung

Es ist vielmehr unsere natürliche Grundausstattung; es ist die Blaupause unserer Lebensenergie; es ist das Fenster, durch das wir in die Welt blicken und durch das wir die Welt erkennen. Diesen Sachverhalt mit Krankheit in Verbindung zu bringen, wäre genauso, als wenn wir unsere individuelle Blutgruppe in diese Kategorie verorten würden. Es ist unser wertvollster Besitz, weil es das ist, was uns am Leben hält. Und damit zu hadern, ist faktisch vergeudete Lebensenergie. Ethisch ist der Hader nahe beim Frevel.

Es bewirkt einerseits unsere individuelle Unverwechselbarkeit, andererseits macht es uns den Menschen ähnlich, die im selben Ennea-Muster zuhause sind. *Doch Ähnliches ist niemals dasselbe!* Es ist die *Färbung* unserer Lebensenergie in ganz einmaliger Sättigung. Lediglich die Art, wie wir mit ihr umgehen, hat das Potenzial, uns gesünder oder kränker zu machen. Aber das ist trivial, denn es gilt für jedes unserer Organe, die von Geburt aus gesund und unversehrt waren.

Halten wir fest: Die Verwendung der Begriffe *Typ* und *Diagnose* erzeugt in Verbindung mit dem „Enneagramm der Persönlichkeit" ein Feld von Assoziationen, welches dem Ursprünglich-Natürlichen und dem Selbstverständlich-Gesunden unseres individuellen Ennea-Musters ebenso wenig gerecht wird, wie der in ihm enthaltenen Beziehungs- und Entwicklungsdynamik.

Es ist passender *und* genauer, stattdessen vom *Ennea-Muster* zu reden, und den Weg der Erkenntnis bzw. des Herausfindens als *Musterfindung*. Das Ergebnis des Suchprozesses ist die Erkenntnis des eigenen Musters oder kurz: *Mustererkenntnis*.

7. Wie ich mein und dein Ennea-Muster erkennen kann

Im sog. „medizinischen Modell“ gibt es selbstverständlich Prozeduren im Rahmen der Diagnostik, die der Tatsache Rechnung tragen, dass das gesuchte Ergebnis eher selten klar auf der Hand liegt. Im Gegenteil: Oft verbirgt es sich hinter einer Fülle von Daten, die alle mit einer gewissen Wahrscheinlichkeit Bestandteil des gesuchten Ergebnisses sein *könnten*. Die „Kunst“ besteht darin, die Hinweise in ein *Muster* zusammenzuführen, das nur die festgestellten Symptome und Messwerte in ein Gesamtbild bringt, die am genauesten das zugrunde liegende Krankheitsbild benennen. Oberstes Ziel jeder Diagnostik in der Medizin ist also eine *positive Diagnose*.

Wenn dies aus den oben genannten Gründen nicht möglich ist, muss sich der Arzt zunächst mit Zwischenschritten begnügen. Aus der Natur der Sache ergeben sich im Wesentlichen drei Alternativen: die *Ausschlussdiagnose*, die *Differenzialdiagnose* und die *Verdachtsdiagnose*.

- Bei der *Ausschlussdiagnose* werden, wie der Name schon sagt, alle diejenigen Möglichkeiten ausgeschlossen, die durch weitere Untersuchungen mit großer Wahrscheinlichkeit nicht in Frage kommen. An vorderster Stelle stehen die lebensbedrohlichen Erkrankungen.
- Bei der *Differenzialdiagnose* wird zunächst die Gesamtheit aller Diagnosen betrachtet, die auch als Erklärung für die beobachteten Krankheitszeichen und Befunde herangezogen werden können. Die weitere Auswahl orientiert sich an der Wahrscheinlichkeit, der Therapierbarkeit und der Bedrohlichkeit. Im Idealfall bleibt am Ende des Prozesses nur eine Diagnose übrig.

- Wenn auf beiden Wegen kein Ergebnis erzielt wird, ist die *Verdachtsdiagnose* ein Ausweg. Der begründete Verdacht reicht (durch Kosten und Zeitmangel erzwungen) in diesen Fällen aus, um eine Behandlung zu beginnen.

Wenn wir die Prozeduren aus dem „medizinischen Modell“ auf unsere Fragestellung übertragen und das darin enthaltene *Erkenntnisgewinnungs-Muster* entschlüsseln, dann wird deutlich, dass nur die ersten beiden Wege für unsere Zwecke nützlich sind. Die *Verdachtsdiagnose* „Du bist ein Mensch des Musters Soundso“ ist der eigentliche Fluch der Enneagramm-Idee, weil sie alle Bemühungen konterkariert, mit ihr seriös und verantwortlich umzugehen. Zum Glück entfallen in unserem *Kontext* Kategorien wie „Lebensbedrohlichkeit“ oder „Aus finanziellen Gründen nicht darstellbar“. Wir haben gleichsam alle Zeit der Welt, und es ist nicht an Kosten gebunden, mit unseren Suchbewegungen hinsichtlich der Ennea-Musterfindung ans Ziel zu kommen.

Die beiden „Strategien“, a) wahrscheinlich Nicht-Zutreffendes auszuschließen, und b) bei anscheinend gleichwertigen Möglichkeiten nach der besten zu suchen, ist das, was uns der gesunde Menschenverstand bei der Musterfindung ohnehin nahelegt. Faktisch sind das auch die am häufigsten verwendeten Strategien.

7.1 Wie der Musterfindungsprozess verläuft

Es ist völlig normal, am Beginn der Musterfindung buchstäblich gar nichts zu erkennen. Im Internet habe ich vor etwa zehn Jahren eine Website[19] entdeckt, deren Autor eine sehr gute Metapher für diesen Zustand gefunden und veröffentlicht hat: Er hat mit Computerhilfe ein sogenanntes *Stereogramm* entwickelt. Auf den ersten Blick und bei normaler Betrachtung scheint es

19 http://www.lessons4living.com/ennea1.htm (Autor: *Dan Johnston*; Abdruck mit freundlicher Genehmigung des Autors.) Abb. hier in Graustufen.

nur aus einer Ansammlung undefinierbarer Farbflecken zu bestehen, denen selbst bei bestem Willen wahrscheinlich keine *Bedeutung* zu entlocken ist.

Ändert der Betrachter jedoch seine Art, zu schauen, dann macht er die verblüffende Entdeckung, dass die scheinbar nur zweidimensionale Klecksographie plötzlich dreidimensional wird. Das Bild, das nun entsteht, ist ein *Enneagramm-Symbol* inmitten der vorher bedeutungslosen Farbkleckse. Es entsteht ein Eindruck von Tiefe, weil bei genauem Hinsehen neun hintereinander liegende Schichten erkennbar werden. Diese scheinen ihrerseits leicht zu flimmern, was den Eindruck der Fragilität noch verstärkt. Das 3D-Enneagramm scheint der Augenbewegung zu folgen, wobei sein *Muster* konstant bleibt.

Wie gesagt: Mit unserer gewohnten Art zu sehen, können wir diese Inhalte nicht entdecken. Es braucht eine spezielle Technik, und die funktioniert nach Vorschlag des Autors folgendermaßen:

Um das Bild (die verborgene dreidimensionale Darstellung eines Enneagramm-Symbols) zu entdecken, müssen wir so tun, als würden wir durch die Bildebene hindurch auf einen entfernten Hintergrund schauen. Dadurch schalten wir vom Nah-Sehen auf das Fern-Sehen um und bringen das Ennea-Symbol in unser Blickfeld. Wichtig ist, den Blick langsam von der Buchseite zu entfernen und so den Abstand zu vergrößern.

Und der allerwichtigste Rat: Wir müssen mehrere Versuche machen und geduldig üben. Irgendwann werden wir mit dem Anblick des 3D-Enneagramms „belohnt".[20]

Für mich ist dies eine sehr kreative und beeindruckend anschauliche Übersetzung der wichtigsten Stationen des *Musterfindungs-Prozesses*, denn auch er erfordert ein „neues Sehen". Wenn wir dessen Ablauf in einzelne Phasen zerlegen, klingt das ungefähr so:

- Wir wollen etwas entdecken (das Ennea-Muster), für das wir normalerweise keinen Blick haben. Dieser endet nämlich an der Oberfläche (beim sichtbaren Verhalten), und wir haben keine Idee davon, dass sich – sowohl bei uns selbst als auch bei anderen Menschen – dahinter ein Muster verbergen könnte.
- Um dies zu erkennen, müssen wir eine ungewohnte Art des Sehens üben, denn das, was „entdeckt" werden kann, ist für unser gewöhnliches Schauen unsichtbar. (Im Falle des Bildes z. B. müssen wir so tun, als wollten wir durch die Bildebene „hindurch" sehen.)
- Erst der absichtliche Perspektiven-Wechsel verhilft uns allmählich dazu, bis dahin bedeutungslose Einzelheiten zu einem Muster zusammenfügen zu können.

20 Es gibt noch andere Techniken, z. B.: Ich halte das Bild nahe an mein Gesicht (ca. 20 cm) und schaue auf meine Nasenspitze, wodurch ein leichtes Einwärts-Schielen entsteht. Mit dieser Augenstellung richte ich meinen Blick auf das Bild. Spontan entsteht ein erster Eindruck vom dem dreidimensionalen Ennea-Muster (es wirkt wie ausgefräst). Diesen Eindruck brauche ich anschließend nur noch zu stabilisieren.

- Wenn wir es sehen, entdecken wir, dass die einzelnen Bestandteile dynamisch miteinander verbunden sind. Das aber macht die entstandene Gestalt nur noch prägnanter, denn ihr Muster bleibt auch unter veränderten Perspektiven erhalten. Es ist eine Fließgestalt.
- Wir sollten „sportlich“ an die Aufgabe herangehen, denn bis eine Übung gelingt, braucht es erfahrungsgemäß einige Fehlversuche. Im psychologischen Fachjargon heißt die geforderte Fähigkeit *Ambiguitätstoleranz*: Zustände vorübergehender Ungewissheit gelassen zu ertragen.
- Und sollte der „schlimme“ Fall eintreten, dass wir uns vergebens bemühen, dann können wir dennoch sicher sein, dass *das Muster existiert.* Es ist wirklich nur eine Frage disziplinierter Übung, wann sich der Erfolg einstellt.

Das ist im Grunde die genaue Antwort auf die Frage, *wie* uns, d. h. mit welcher Haltung, eine Musterfindung gelingen kann, denn damit ist ihr *Prinzip* beschrieben. Aber wir alle ahnen oder wissen, dass erst die Kenntnis und das Verstehen der Einzelheiten über Gelingen oder Misslingen entscheiden. Bekanntlich versteckt sich der Teufel dort ja am liebsten. Halten wir also fest, bevor wir uns besagten Einzelheiten zuwenden: Die oben beschriebene Einstellung, die in vieler Hinsicht gegen den Strich unserer Gewohnheiten gebürstet zu sein scheint, ist die entscheidende Voraussetzung für die Musterfindung.

7.2 Pragmatische Fallen und Tücken bei der Mustersuche

Wenn wir nun unseren Blick darauf richten, was „unterwegs“ bis zum Finden des Musters schief gehen kann, dann entdecken wir, dass sich zwei Ebenen miteinander verschränken: eine eher *pragmatische* und eine eher *erkenntnistheoretische.* Auf der pragmatischen Ebene sind es erfahrungsgemäß folgende „Fallen“, die uns in die Irre führen können:

- Wir halten Ähnliches für dasselbe, z. B. NEUN und ZWEI, DREI und SIEBEN, ACHT und kontraphobische SECHS usw.

- Wir „kleben“ an der Verhaltensoberfläche und verkennen die darunter liegende Motivation.
- Wir fokussieren auf eine oder zwei hervorstechende Eigenschaften und halten sie für das Ganze.
- Wir haben einen uns bekannten Menschen „vor Augen“ und rechnen von ihm auf den konkreten Menschen hoch, dessen Muster wir gerade entdecken wollen.
- Wir wollen jemanden in einem Muster sehen, weil wir ihn/sie darin am sympathischsten finden.
- Wir sind nicht von der Gleichwertigkeit der Muster überzeugt, sondern halten einige von ihnen für negativer als andere oder lehnen sie sogar innerlich ab.
- Wir haben ein festgelegtes inneres Bild davon, wer jemand „nur“ sein kann, wenn wir das Muster seiner Partnerin/seines Partners kennen (gemäß der häufig zu beobachtenden Komplementarität entlang der Verbindungslinien: ZWEI mit VIER, SECHS mit NEUN, EINS mit SIEBEN usw.).
- Wir „kleben“ an einer Musterhypothese und ignorieren Beobachtungen, die nicht dazu passen wollen.
- Wir haben noch nicht genügend geübt, die energetische Qualität der *Vorherrschenden Leidenschaft* „herauszusehen“ (z. B. wie sich die zornige, die hochmütige, die eitle, die neidische Energie usw. anfühlen).

Erfahrene Mustersucherinnen und -sucher wissen, dass in den genannten Fallen – wenn sie uns denn bewusst sind – zugleich ihr dialektisches Gegenstück liegt: Sie können eine echte Hilfe beim Finden des Musters sein, wenn wir sie lediglich als Ausgangspunkte für ein „lockeres Denken“ verwenden, das uns zu neuen gedanklichen Assoziationen und Suchbewegungen führt. Aus diesen können belastbare Einsichten werden. Die Dosis entscheidet ja bekanntlich darüber, ob etwas als Arznei oder als Gift wirkt. Die meisten der beschriebenen Zusammenhänge gelten nicht nur für die Suche nach dem Muster des Anderen, sondern auch und vor allem für mein eigenes.

7.3 Erkenntnistheoretische Irrtümer bei der Mustersuche

> „Ich glaube an die Wichtigkeit wissenschaftlicher Voraussetzungen, an die Vorstellung, dass es bessere und schlechtere Weisen der Aufstellung wissenschaftlicher Theorien gibt, und an das Beharren auf der ausdrücklichen Darstellung von Voraussetzungen, so dass diese verbessert werden können." (Bateson, Geist und Natur, S. 36)

Was Bateson für allgemeine wissenschaftliche Voraussetzungen hält (und in seinem Werk „Geist und Natur" unter der ironischen Kapitelüberschrift: „Was jeder Schuljunge weiß" formuliert hat), kann für unser tiefer gehendes Verständnis des Musterfindungs-Prozesses sehr hilfreich sein. Neben den oben geschilderten Fallen und Fehlerquellen auf der pragmatischen Ebene folgt nun also eine kleine Auswahl möglicher Denkfehler oder erkenntnistheoretischer Irrtümer bei der Musterfindung. Die thesenartigen Überschriften sind Originalzitate aus Batesons Werk „Geist und Natur". Eine vereinfachte Form der Wiedergabe erschien mir unangemessen, weil sie seinen Duktus verfälscht hätte. Einer knapp gehaltenen Erläuterung der These lasse ich jeweils einen Hinweis folgen, welche Bedeutung sie im Kontext unserer Ausgangsfragestellung haben könnte.

7.3.1 Die Wissenschaft beweist nie irgend etwas

Die Charakteristik der Wissenschaft besteht Bateson zufolge darin, Hypothesen zu *verbessern* oder zu *widerlegen*. Sie *sondiere*, aber sie beweise nicht. „Wahrheit" definiert er als „eine genaue Korrespondenz zwischen unserer Beschreibung und dem Beschriebenen oder zwischen unserem gesamten Netzwerk von Abstraktionen bzw. Deduktionen und irgendeinem vollständigen Verstehen der äußeren Welt." (ebd. S. 37) Und er fügt hinzu, dass eine solche Qualität wohl nie erreichbar sei.

Auf unseren Bereich übertragen, können wir diese Aussage ohne Zögern unterschreiben: Wir werden einen Menschen mittels seines Musters niemals so genau beschreiben können, dass wir dessen vollständige „Wahrheit“ erfassen. Gelänge uns dies, könnten wir zutreffende Voraussagen über dessen Verhalten machen. Das ist aber nicht zu befürchten, denn – so Bateson – unsere vermeintliche diesbezügliche Fähigkeit habe als Grundlage nur unsere „(anerzogene) Vorliebe für die einfachere Antwort“. Und: „Wir wissen nicht genug darüber, wie die Gegenwart in die Zukunft münden wird.“ (S. 39)

7.3.2 Die Karte ist nicht das Territorium und der Name ist nicht die benannte Sache

Dieses Prinzip, das eng mit dem Namen *Alfred Korzybski* verbunden ist, besagt, dass in all unserem „Nachdenken, in der Wahrnehmung oder in der Kommunikation über Wahrnehmung eine Umwandlung stattfindet.“ Sie vermittelt zwischen dem Bericht und der berichteten Sache und weist sie einer *Klasse* zu. *Benennen* ist also immer auch *Klassifizieren*. In Batesons lakonischer Sprache: Das Prinzip „erinnert uns ganz allgemein daran, dass wir, wenn wir an Kokosnüsse oder Schweine denken, keine Kokosnüsse oder Schweine im Gehirn haben.“ (S. 40 f.)

In unseren Kontext übertragen, bedeutet das: Wir sollten darauf achten, dass wir einen konkreten Menschen niemals auf sein Ennea-Muster reduzieren. Er ist immer *mehr* als sein Muster, denn diese Bezeichnung hat nur Vehikel-Funktion: Sie ist eine Art Codierung. Und als solche schlägt sie eine Brücke zwischen einer (theoretisch) unendlich vielfältig ausdifferenzierbaren Beschreibung des tatsächlichen Menschen und unserer Unfähigkeit, diese vollständig zu erfassen.

7.3.3 Es gibt keine objektive Erfahrung

Wir nehmen unsere Außenwelt nur durch bestimmte Sinnesorgane oder Nervenbahnen gefiltert wahr. Bateson: „Wenn mir jemand auf den Zeh tritt, ist das, was ich erfahre, nicht sein Mir-auf-den-Fuß-Treten, sondern mein *Bild* von seinem Mir-auf-den-Fuß-Treten, das ich aus Nervenberichten rekonstruiere, die mein Gehirn erreichen, kurz nachdem sein Fuß auf meinem Fuß gelandet ist." (S. 42) Er weist daraufhin, dass wir irgendwie alle von der vermeintlichen Objektivität solcher Sinnesdaten überzeugt seien, denn unsere Zivilisation beruhe zutiefst auf dieser Illusion.

Das heißt für uns: Hierin liegt ein weiterer Grund, mit apodiktischen Behauptungen vom Schlage: „Du bist eine Soundso!" äußerst zurückhaltend zu sein bzw. sie vorsätzlich zu vermeiden.

7.3.4 Die Zerlegung des wahrgenommenen Universums in Teile und Ganze ist angemessen und kann notwendig sein; keine Notwendigkeit bestimmt aber, wie das geschehen sollte

Diese „allgemeine Wahrheit" (Bateson) versuchte er seinen Studierenden nahezubringen, indem er sie aufforderte, eine geometrische Figur zu beschreiben, die aus einem Rechteck und dem Großteil eines Sechsecks bestand. Letzteres ist links unten an das Rechteck angefügt. Die Beschreibungen ließen sich in folgende Kategorien aufteilen: *pittoresk* (sie „sahen" einen Stiefel), *geometrisch* (sie beschrieben die Beziehungen zwischen Rechteck und Sechseck), *operational* (sie konstruierten eine Anweisung, wie der Gegenstand zu zeichnen sei). Bateson merkt an, dass keine dieser Beschreibungsmethoden etwas zur *Erklärung* des Gegenstandes beigetragen habe, denn eine Erklärung müsse nämlich stets aus der Beschreibung erwachsen. Deshalb aber enthalte sie immer auch „willkürliche Charakteristika".

Diese „allgemeine Wahrheit" erklärt uns die Tatsache, dass in der Ennea-Literatur so zahllos unterschiedliche Beschreibungen der Muster entstanden sind – und immer noch entstehen werden. Es gibt – wie in der These behauptet – „keine Notwendigkeit, *wie* das geschehen sollte". Der *Erklärungswert* einer Musterbeschreibung richtet sich letztlich nach seiner Plausibilität, seiner inneren Stimmigkeit und der Originalität des Erklärungsversuchs.

7.3.5 Divergente Sequenzen sind nicht voraussagbar

Bateson hält die Ansicht für prinzipiell falsch, in der Wissenschaft sei alles voraussagbar und kontrollierbar. Es gebe viele Phänomene, bei denen „das aus sehr grundlegenden, aber sehr verständlichen Gründen unmöglich" sei. (S. 54) Beispiel: Wann und wie genau bricht eine Glasscheibe? Wenn sie von einem Stein getroffen wird, zerplatzt sie evtl. in einem sternförmigen Muster. Eine Gewehrkugel wird ein konisches Loch in ihr hinterlassen, und wenn der Stein zu klein und zu langsam ist, wird er keine Wirkung erzeugen. Voraussagen allgemeiner Art sind bei diesen drei Ursachen-Kategorien möglich, unmöglich wird es aber, z. B. beim Steinwurf die genaue Form des sternförmigen Bruchmusters vorherzusagen oder zu kontrollieren.

Wann und wo reißt eine Kette? An ihrem schwächsten Glied, soviel lässt sich vorhersagen. Die Schwierigkeit besteht nun aber darin, das schwächste Glied zu identifizieren, bevor es reißt. Bateson leitet daraus die Regel ab: „Das Allgemeine können wir erkennen, aber das Besondere entzieht sich uns." (S. 56) Wir können nicht mit Sicherheit wissen, was im nächsten Augenblick geschehen wird, weil das buchstäblich von Winzigkeiten abhängt, die sich unserer Kontrolle entziehen.

Diese Aussage können wir eins zu eins in unseren Kontext übertragen: Das Ennea-Muster eines Menschen lässt *Voraussagen allgemeiner Art* über das wahrscheinliche Verhalten dieses Menschen in einem definierten Kontext zu. Was genau geschehen wird, können wir nicht wissen. „Nachhersagen" in Form einer psychologisch stimmigen, tiefgründigen Erklärung des bereits Geschehenen sind hingegen eine erfolgversprechende (und deshalb gern verwendete) Möglichkeit.

Im Unterschied zu divergenten Folgen sind *konvergente* Sequenzen voraussagbar (z. B. die Bewegung von Planeten im Sonnensystem, das Verhalten von Billardkugeln, wenn auf sie eingewirkt wird, chemische Reaktionen usw.) Hier werden – Bateson zufolge – Klassen oder Mengen von Einzeldingen als Ereignisse beschrieben.

7.3.6 Zahl ist etwas anderes als Quantität

Zahlen sind ein Produkt des Zählens, *Quantitäten* sind ein Produkt des Messens. Bateson zufolge ist dieser Unterschied „grundlegend für jede Theoriebildung in den Verhaltenswissenschaften, für jede Art von Vorstellung von dem, was zwischen Organismen oder in Organismen als Teil ihrer Denkprozesse vor sich geht.“ (S. 65) Zahlen sind deshalb *genau*, weil zwischen einer und der nächsten ein Sprung liegt. Und weil bei Quantitäten genau dieser Sprung fehlt, können sie nicht exakt, sondern nur annähernd genau sein. „Man kann genau drei Tomaten haben. Aber man kann nie genau drei Liter Wasser haben.“ (S. 66) *Zahl* gehört in die Welt des Musters, der Gestalt, des digitalen Rechnens; *Quantität* gehört in die Welt des analogen und an Wahrscheinlichkeiten orientierten Rechnens.

Für unseren Kontext bedeutsam ist dies insofern, als wir es auf der Peripherie des Enneagramm-Symbols eindeutig mit Zahlen und nicht mit Quantitäten zu tun haben. Der sog. „Flügeltheorie“ liegt jedoch die Vorstellung zugrunde, dass es ein System nachbarschaftlicher Beeinflussung gäbe, was die Ausgangsqualität des jeweiligen Ennea-Musters „einfärbt“. Im Sinne Batesons wäre dies eine Verwechslung der logischen Kategorien *Zahl* und *Quantität*. Zudem liefert die Flügel-Theorie keine Erkenntnisse, die sich nicht auch durch bloße Zuhilfenahme der inneren Verbindungslinien des Ennea-Symbols ableiten lassen. Und das wäre, nach wissenschaftlicher Konvention, zudem eleganter, weil keine zusätzlichen Annahmen zur Erklärung eingeführt werden müssen.

7.3.7 Die Quantität determiniert nicht das Muster

Weil *Quantität* und *Muster* zwei verschiedenen sog. *logischen Typen* angehören, kann man ein Muster nicht durch eine einzelne Quantität erklären.

Die beiden Begriffe entstammen nämlich unterschiedlichen Denkkategorien. Hingegen kann „ein Verhältnis zwischen zwei Quantitäten bereits der Anfang eines Musters“ sein. (S. 71) Bateson zufolge kommt die vermeintliche Entstehung eines Musters aus Quantität „immer da zustande, wo das Muster latent vorhanden war, bevor die Quantität Einfluss auf das System nahm“. Er erläutert das am Beispiel einer Insel, auf der sich zwei Berge befinden. Wenn nun der Meeresspiegel über den Sattel zwischen den zwei Bergen hinaus steigt (sich also die Quantität „Wasser“ vermehrt), entstehen zwei Inseln. Bateson folgert, dass das qualitative Muster bereits latent war, bevor es durch die Quantität beeinflusst wurde.

Am Beispiel der Entwicklung eines fotografischen Negativs wird das noch einmal auf andere Weise deutlich: Durch den vorherigen Lichteinfall entstehen *Unterschiede* in der Emulsion, also der chemischen Oberflächenbeschichtung des Negativs. Durch den Entwicklungsprozess kommen diese latenten (also bis dahin nicht sichtbaren) Unterschiede buchstäblich zum Vorschein, denn sie werden manifest.

Mit dieser These sind wir ganz im Zentrum unseres Enneagramm-Kontextes angelangt: Unser Ennea-Muster ist latent angelegt, und es braucht Quantitäten, d. h. Umweltbedingungen, um es sichtbar werden zu lassen. Aus diesen Umweltbedingungen lässt sich jedoch nicht vorhersagen, *wie*, d. h. in welcher Intensität, sich unser Muster zeigt.

7.3.8 In der Biologie gibt es keine monotonen „Werte“

Monotone Werte nehmen entweder nur ab oder sie nehmen nur zu. Ihre Wachstumskurve behält immer dieselbe Gestalt; mehr davon ist also besser. Offensichtlich trifft dieses Prinzip nicht im biologischen Bereich zu, denn hier scheint zu gelten: Für alles, was für den Organismus „gut“ ist, gibt es eine Quantität, die den optimalen Wert darstellt. „Jenseits dieser Quantität wird die Variable toxisch. Unter diesen Wert zu fallen, bedeutet Entbehrung.“ (S. 72)

Die Anwendung dieser Erkenntnis auf unseren Kontext kann uns ein Mittel an die Hand geben, die *Qualität* der gerade geschehenden Ausprägung des Ennea-Musters zu bewerten. Auf dieser Basis könnte es vielleicht auch möglich sein, Bereiche zu definieren, die einerseits *Krankheitswert* besitzen bzw. andererseits erstrebenswerte *Stufen der Entwicklung* beschreiben.

7.3.9 Die Sprache betont gewöhnlich nur eine Seite der Wechselwirkung

Unsere Sprache ist so aufgebaut, dass sie uns glauben macht, ein einzelnes Ding könne irgendeine Eigenschaft „haben“: Der Stein *ist* hart, klein, fest, schwer usw. Bateson meint, für den Alltagsgebrauch genüge das durchaus, nicht aber für eine wissenschaftlich und erkenntnistheoretisch exakte Sprache. Die müsse berücksichtigen, „dass alle Qualitäten, Attribute, Adjektive und ähnliches zumindest auf *zwei* Mengen von Wechselwirkungen gleichzeitig bezogen sind.“ (S. 81) Für den Stein bedeute also die Aussage, dass er hart sei, zweierlei: a) dass man ihn nicht so ohne weiteres durchbohren könne und b) dass seine molekularen Bestandteile durch bestimmte Wechselwirkungen irgendwie aneinander gebunden seien.

„Der Stein ist ruhend“ bedeute sowohl, dass sich a) seine Lage relativ zu anderen Objekten nicht verändere und b), dass in seinem Inneren Sachverhalte wie „Trägheit, Fehlen innerer Verzerrung, Fehlen von Oberflächenreibung“ usw. gegeben seien. Die Sprache lege uns durch die Verbindung von Subjekt und Prädikat den Glauben nahe, dass Dinge Eigenschaften hätten. Exakter wäre die Ausdrucksweise, dass Dinge erst durch ihre inneren Beziehungen und durch ihr Verhalten zu anderen Dingen „real“ gemacht werden. Es sei eine universelle Wahrheit, dass sie überhaupt erst dadurch (d. h. durch ihre Namen, ihre Qualitäten und Attribute) in die Welt der Kommunikation und Bedeutung eintreten könnten.

Für unseren Kontext liegen die Folgerungen auf der Hand: Es würde die Qualität unserer Arbeit mit der Enneagramm-Idee erheblich verbessern, wenn wir unsere Sprechweise und unseren Sprachgebrauch um diese Einsichten erweitern würden. Ein Mensch „ist“ nicht zornig, hochmütig, eitel, neidisch, geizig usw., sondern diese Qualitäten sind eine Bezeichnung des Ergebnisses, das aus der Wechselwirkung zwischen seiner inneren Verfasstheit und den Anforderungen seiner Umwelt entsteht.

7.4 Ein Exkurs-Fazit

Ich wünsche mir, dass dieser Exkurs zweierlei bewirkt haben könnte: Erstens eine Sensibilisierung dafür, wie differenziert und sorgfältig wir mit unseren Begrifflichkeiten umgehen müssten, wenn wir der Ästhetik und Komplexität der Enneagramm-Idee wirklich gerecht werden wollten. Und dass er zweitens einen Beleg dafür liefert, wie gut die Erkenntnisse und Beschreibungen Batesons die *systemische Natur* der Enneagramm-Idee zum Vorschein bringen. Ohne Verbiegungen oder sonstige krampfhafte Bemühungen lassen sich erstaunliche Übereinstimmungen konstatieren.

In seinem nicht mehr vollendeten, posthum von seiner Tochter Catherine fertiggestellten Werk: „Wo Engel zögern“[21] hat sich Bateson auch mit der Idee des Heiligen befasst, und sich gefragt, ob und ggf. wie dieser Begriff mit dem Wissen von heute gefüllt werden könnte. Es klingt bei ihm so:

> „Was wird nötig sein, um in komplexerer Weise auf Grenzflächen zu reagieren? Allermindestens bedarf es solcher Sehweisen, die unsere eigene Komplexität und die systemische Komplexität des Anderen affirmieren und die Möglichkeit einräumen, dass sie ein beide einschließendes System konstituieren, mit einem gemeinsamen geistigen Netz und Elementen des notwendig Geheimnisvollen. Eine solche Wahrnehmung von Selbst und Anderem ist die Affirmation des Heiligen.“ (Wo Engel zögern, S. 250)

Um die gerade behauptete Kompatibilität des Batesonschen Denkens mit der Enneagramm-Idee zu demonstrieren, genügt es, nur wenige Begriffe dieser

21 Der Titel bezieht sich auf ein Zitat von *Alexander Pope*: „Fools rush in where angels fear to tread“ {wörtlich übersetzt: „Narren stürmen drauf los, wo sich Engel fürchten, fest aufzutreten“}.

Definition auszutauschen und sie durch Begriffe aus dem Ennea-Kontext zu ersetzen:

„Was wird nötig sein, um angemessener mit der Anderheit des Anderen umzugehen? Wir brauchen einen Blick in die Welt, der sich nicht scheut, unsere eigene Komplexität und die komplexe Anderheit des Anderen zu bestätigen, statt sie zu fürchten. Denn die Anderen und wir selbst sind Teil eines geistigen Netzes, das uns verbindet, und das wir nie bis in alle Einzelheiten ergründen werden, weil es unsere Fähigkeit zu verstehen übersteigt. Wenn wir mit dieser Haltung zu uns selbst und zur Anderheit der Anderen Ja sagen, bejahen wir das Heilige."

8. EntwicklungsHilfen

8.1 Von der Liebe in Zeiten des Enneagramms

Bekanntlich füllen Abhandlungen über das Wesen der Liebe seit Jahrhunderten zahllose Bücher, ihre Darstellung bedeckt Leinwände mit dem Spektrum der Farben; es wurde plastisch in Marmor und allen erdenklichen sonstigen Materialien verkörpert. Darunter sind viele Werke von beeindruckender Schönheit, von berührender Tiefe und bleibender Gültigkeit. Auch in der Literatur wurde keine Form ausgelassen, im Gegenteil: Nicht selten war der Wunsch, etwas Zutreffendes von der komplexen Vielgestaltigkeit der Liebe nachzuzeichnen und festzuhalten, der Ursprung einer literarischen Gattung. Ihr Erblühen und ihre strahlende, alles verändernde Gegenwart sind Ereignisse des zutiefst Lebendigen, die uns immer aufs Neue bewegen, genau so wie der Schmerz ihres Erlöschens unser Leben aus seinen vertrauten Bahnen werfen kann.

Die Gedanken und Einsichten, die hier ausgebreitet werden sollen, beanspruchen in keiner Weise den Vergleich mit diesen Werken. Sie wagen sich noch nicht einmal in ihre Nähe, denn ihre Reichweite, ihre Dimensionen und meine Darstellungsmittel sind schlicht zu begrenzt. Es wäre schon sehr viel gewonnen, wenn sie dazu beitragen könnten, alltägliche Erfahrungen besser verstehbar zu machen und im günstigsten Falle unsere Liebesfähigkeit ein wenig zu vergrößern.

Beginnen wir mit einer Feststellung, die erfahrenen Anwenderinnen und Anwendern der Enneagramm-Idee längst zur Selbstverständlichkeit geworden ist: Wenn wir mit distanziertem Blick die Wirkungsweise dieser Idee im Allgemeinen bewerten, können wir vor allem einen desillusionierenden Effekt feststellen. Phänomene des Lebendigen und deren Zusammenspiel werden anschaulich und analysierbar; seelische Mechanismen werden mit fast mathematischer Präzision beschreibbar und mit chirurgischer Genauigkeit handhabbar; geistige Prozesse lassen sich mit einiger Übung in verständliche Sprache fassen. Das alles gilt sowohl für den Blick in das eigene Innere wie für den Blick in die inneren Bezirke unserer Mitmenschen. Nicht Wenige sind beim ersten Kennenlernen von dieser anscheinend schonungslosen Klarheit befremdet oder gar schockiert. Es braucht Gewöhnung, um mit diesem Potenzial umgehen und es vielleicht irgendwann sogar wertschätzen zu können.

Die Frage drängt sich auf, ob und wie die vergleichsweise kühle Präzision und sterile Funktionalität eines Operationssaals, die der Ennea-Idee anhaftet, mit der Fragilität, der Leichtigkeit und dennoch überaus intensiven Emotionalität des Phänomens Liebe zusammengehen kann. Die Antwort könnte lauten: bei genauerem Hinsehen sehr gut, denn sie bedingen einander. Im medizinischen Bereich gibt es ohne exakte Diagnose keine vernünftige Handlungsgrundlage für die evtl. erforderliche Operation. Beide zusammen, Diagnose und Behandlung, bilden den von uns Menschen beeinflussbaren Anteil an der nachfolgenden Heilung. Genauso ist es mit der Liebe: Wenn sie Bestand und Entwicklung haben soll, kommen wir um den Versuch, sie und ihre Wirkungen auch rational verstehen zu wollen, nicht umhin.

Es ist ein Zwiespalt, der uns in vielen Lebensbereichen begegnet: hier die romantische Verklärung und dort die eher schroff-abweisend erscheinende Wirklichkeit der rationalen Analyse. In „Sachen Liebe" führt die enneagrammatische Perspektive zwangsläufig dazu, dass wir mit einer neunfachen Differenzierung ihrer Erscheinungsformen konfrontiert werden. Und damit nicht genug: Auch das, was Menschen der neun Ennea-Muster unter dem Begriff „Liebe" verstehen, und was sie in ihrem tatsächlichen Verhalten Liebe nennen, unterscheidet sich erheblich.

Ich habe mich in meinem 2008 erschienenen Buch „Wie anders ist der Andere" an der differenzierten Beschreibung versucht.

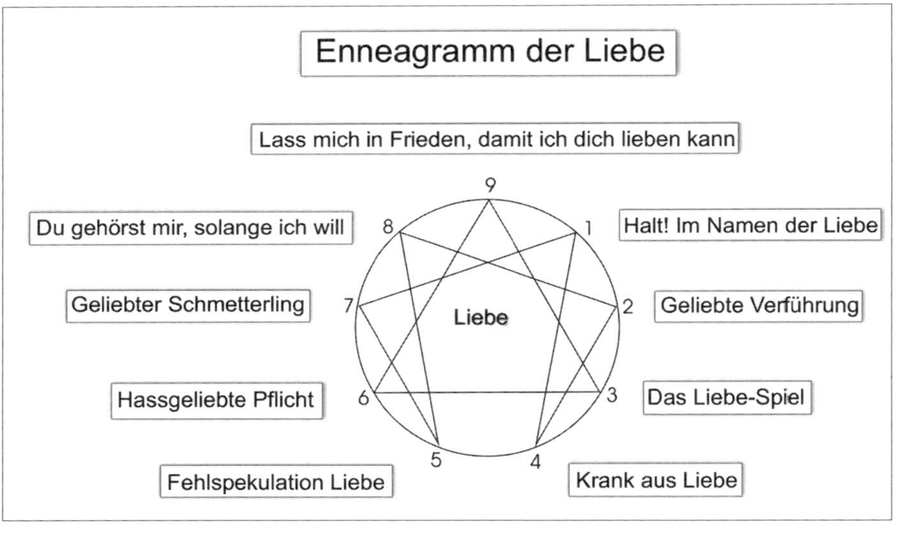

Kommentierend habe ich angemerkt:

„... wenn man sich den Katalog der „Liebestaten" der einzelnen Muster mit emotionaler Distanz und kühlem Kopf anschaut, wundert es einen plötzlich nicht mehr, weshalb die Zeit der ärgste Feind der Partnerschaften zu sein scheint. Denn hier zeigen sich die Handicaps von uns allen mit schmerzhafter Deutlichkeit. Sie markieren gleichsam den Kipp-Punkt, an dem die „hormonelle Verblendung" vor einer unverstellten Realitätssicht kapitulieren muss. Diese Verblendung hat zu Anfang bewirkt, dass jeder, bereits früh im Ansatz gespürten, Unverträglichkeit voll inbrünstigem Optimismus entgegnet werden konnte: „Die Liebe wird es richten". Die Liebe einer enneagrammatisch *entwickelten* Person hätte es möglicherweise „gerichtet", die „Liebe" der Ego-Persönlichkeit ist damit leider überfordert."[22]

Die neun Motti sind ein Versuch, das mustertypische Verständnis von Liebe auf den Punkt zu bringen. Bereits beim ersten Lesen entsteht die berechtigte Frage, wie es grundsätzlich mit der Liebenswürdigkeit der neun Ennea-Mustermenschen bestellt ist. Das, was ein Mensch in seinem eigenen 40-Grad-Bereich jeweils „Liebe" nennt, und was sie ihm persönlich bedeutet, wird schmerzhaft genau sichtbar – ebenso die egoistische Engführung.

Und worin genau besteht der Schmerz? Meines Erachtens in einer existenziellen Ent-täuschung, genauer: in der Aufhebung einer existenziellen Selbsttäuschung. Sie ergreift uns tiefer als das, was die Psychoanalyse „narzisstische Kränkung" nennt, weil sie unsere Identität bedroht. Wir werden als Menschen unseres Ennea-Musters auf unbarmherzig scheinende Weise mit unserer inneren Wahrheit konfrontiert, und deswegen bleibt vom beschönigenden Selbstbild fast nichts übrig. Der Zusammenhang zu unserer *Vorherrschenden Leidenschaft* ist überdeutlich, denn sie ist es, die dem, was wir Liebe nennen, die jeweils charakteristische Färbung verleiht.

Aber, wie oben bereits gesagt, ist die exakte Diagnose der „Krankheit" zugleich die beste Voraussetzung für deren Behandlung und Heilung. In Begriffen unseres thematischen Kontextes ausgedrückt: Je genauer ich bereit bin, eine präzise Zustandsmeldung über den inneren Status meiner Liebesfähigkeit zur Kenntnis zu nehmen, desto mehr verbessern sich meine diesbezüglichen Entwicklungsmöglichkeiten.

22 W. Reifarth: Wie anders ist der Andere? S. 225

8.1.1 Enneagrammatisch inspirierte Beobachtungen zur Partnerwahl

> „Wind entsteht aus dem Zusammenspiel von Hoch- und Tiefdruckgebieten. In einem Tiefdruckgebiet ist die Luft wärmer und steigt daher nach oben. Es entsteht etwas, was du dir wie ein Luftloch vorstellen kannst. In den benachbarten Hochdruckgebieten ist die Luft kälter und deswegen näher am Erdboden. Die Luftmoleküle in dem Hochdruckgebiet strömen nun in das Luftloch, um es zu füllen. Diesen Strom nennen wir Wind!“[23]

Wenn wir augenzwinkernd „Wind“ durch „Liebe“ ersetzen und Hochdruck- bzw. Tiefdruckgebiete durch „Eigenschaft X stark bzw. schwach ausgeprägt“, dann haben wir bereits ein Erklärungsmuster gefunden, das es nach meiner Beobachtung für die meisten Partnerschaften nachvollziehbar macht, warum sie überhaupt zustande gekommen sind. Es geht um die Frage, was Menschen füreinander so attraktiv sein lässt, dass sie bereit werden, sich aneinander zu binden.

„Natürliches“ Attraktivitätspotenzial enthalten beispielsweise die Ennea-Muster füreinander, die durch eine direkte Linie miteinander verbunden sind, z. B. EINS zu SIEBEN, EINS zu VIER, ZWEI zu VIER, ZWEI zu ACHT, DREI zu SECHS usw. Ich glaube, wir können die Behauptung wagen, dass diese „Hochdruck-Tiefdruck-Dynamik“ oftmals Partnerwahlen zugrunde liegt. Sie wirkt, obwohl sie uns nicht bewusst ist – vielleicht sogar, *weil* sie uns nicht bewusst ist. Die diesem Prozess zugrunde liegende „Logik“ ist relativ schlicht: Der/die Andere scheint im Übermaß zu besitzen, womit ich mich zu gering (gleichsam im „Untermaß“) ausgestattet fühle. Die Beseitigung dieses Mangels enthält für mich ein irgendwie gespürtes „Versprechen“, mich dadurch besser, weil vollständiger zu fühlen, wenn etwas vom Fehlenden auf mich übergeht. In Begriffen unseres Themas ist es also ein *Entwicklungsversprechen*.

23 {Quelle: http://www.physikfuerkids.de/lab1/wetter/karte/wind.html}

Alfred R. Orage

Geb. 22. Januar 1873 (Dacre/Yorkshire) – gest. 5. November 1934 (London)

Nach einigen Jahren Tätigkeit als Lehrer an einer Schule in Leeds kaufte Orage 1907 in London die Literaturzeitschrift The New Age. (George Bernard Shaw unterstützte ihn finanziell.) Als Herausgeber und Autor machte er die Zeitschrift sehr bald zum renommiertesten Forum für Politik, Literatur und Kunst. Berühmte zeitgenössische Literaten (Ezra Pound, G. K. Chesterton, Herbert Read, Wyndham Lewis, Bertrand Russell u. a.) schrieben Beiträge.

T. S. Eliott hielt Orage für den bedeutendsten Literaturkritiker seiner Zeit.

1922 verkaufte er die Zeitschrift und ging – auf Empfehlung von Ouspensky, dessen Lehre ihn tief beeindruckt hatte – zu Gurdjieff in dessen neu gegründetes Institut zur harmonischen Entwicklung des Menschen.

In Avon (bei Fontainebleau) studierte er Gurdjieffs Lehre und wurde 1924 von ihm beauftragt („mein Freund und essenzieller Bruder“), sie in Nordamerika zu verbreiten, was er sieben Jahre erfolgreich getan hat. 1931 kam es zur Trennung, weil Gurdjieff ihm vorwarf, wichtige Aspekte seiner Lehre vernachlässigt bzw. verfälscht zu haben.

Orage kehrte nach London zurück und gründete 1932 die ebenfalls von Kritikern sehr geschätzte Zeitschrift The New English Weekly. Sie sollte ein Vehikel sein, um philosophische, psychologische und ökonomische Gedanken zu verbreiten – nicht zuletzt auch wesentliche Elemente der Lehre Gurdjieffs.

Die hier vorgestellten Grundzüge seines Essays „On Love“ sind ein eindrucksvolles Zeugnis. Im deutschsprachigen Raum ist dieser – bereits zum Klassiker gewordene – Text so gut wie unbekannt. Ähnlich verhält es sich mit Orages Ausführungen zum inneren Wachstum, die mich durch ihre Originalität, Präzision und Konkretheit beeindrucken.

Hierzu ein Beispiel: Menschen des Musters VIER üben auf Menschen des Musters ZWEI u. a. deshalb eine Anziehung aus, weil Erstere ihre ästhetischen Ansprüche leben, ohne sich ernstlich um die Meinung der Umwelt zu scheren. Sie erwarten ohnehin nicht, von ihr verstanden zu werden. Sie leben und verkörpern also eine Eigenständigkeit, die das genaue Gegenteil der liebedienerischen Anpassungs- und Selbst-Deformationsbereitschaft der ZWEIer-Menschen ist. Letztere glauben, dieses Opfer bringen zu müssen, um geliebt zu werden, denn das bedeutet für sie, *sein* zu dürfen.

Zugleich weckt der relativ angstfreie Umgang der VIERer-Menschen mit der *Melancholie* in ZWEIer-Menschen Impulse, die wegen ihrer Widersprüchlichkeit eine attraktive Spannung erzeugen: Einerseits möchten sie sich ebenfalls trauen, das Vergnügen an der Traurigkeit so intensiv zu genießen, ohne Angst davor haben zu müssen, in die Depression abzugleiten. Andererseits würden sie helfen und trösten können, wenn es allzu arg kommt. Wer sonst? So zumindest ihre Einbildung.

Zu den Eigentümlichkeiten der Attraktivitätsdynamik gehört allerdings auch, dass die Umkehrung nicht ohne Weiteres gilt: VIERer-Menschen finden bei weitem nicht vergleichbar so viele attraktive Züge an ZWEIer-Menschen. Ihnen widerstrebt sowohl das liebedienerische Gefallen-Wollen als auch die anbiedernde Schmeichelei, weil ihnen deren aufgesetzte Unechtheit sofort ins Auge springt. Zudem ist sie „vielgerichtet", denn sie wechselt das „Objekt ihrer Begierde" gleichsam im Handumdrehen. Für sie ist es nichts als Heuchelei. Anders verhält es sich, wenn sie echte Zuwendungsbereitschaft und absichtslose Empathie registrieren, denn für Tiefe und Leidenschaftlichkeit sind sie stets empfänglich. Übersteigt beides allerdings ein gewisses Maß an Intensität, spüren sie ihren *Neid*, ihre Vorherrschende Leidenschaft. Aber selbst in diesem Zustand finden sie den unverbrüchlich scheinenden Optimismus der ZWEIen hinsichtlich der Wirkkraft der Liebe noch anziehend.

Kenner der Ideenwelt Gurdjieffs werden in der geschilderten Dynamik das von ihm so genannte *Gesetz der Drei* am Werke sehen: das Zusammenspiel aus *Bejahen, Verneinen, Versöhnen* oder zwischen Annäherung, Abweisung und Vereinigung. In diesem Kräftedreieck findet der höchst lebendige Prozess der Liebe statt. Wohlgemerkt: ein Prozess, denn „Versöhnen“ (oder Vereinigung) ist ein Fließgleichgewicht, niemals ein statischer Zustand. Dieses Fließgleichgewicht ist fragil, irritierbar, der Vergänglichkeit anheimgegeben wie alles Lebendige. In enneagrammatisch-nüchternen Begriffen lässt sich also konstatieren: Das „natürliche“ Attraktivitätspotenzial, das Menschen füreinander bereithalten, die sich im Enneagramm-Symbol durch eine Verbindungslinie nahestehen, ist nicht gleich verteilt. Es gibt Gewinner und Verlierer.

Gegensätze ziehen sich nicht an,
es sei denn, an dem einen ist vom andern was dran

Wie weise, sprach die Eule war doch die Natur, als sie Männchen und Weibchen so einrichtete, dass sie einander genau ergänzen.

Im Gegenteil, widersprach der Storch, der als Fachmann auf dem Gebiete galt. In Wirklichkeit hat sich die Natur bei der Verteilung der Geschlechtsorgane geirrt und das männliche Teil dem Weibchen, das weibliche Teil aber dem Männchen verliehen. Nur so ist es zu erklären, dass beide sich ständig hinterdreinlaufen und das Männchen versucht, dem Weibchen das eigentlich ihm gehörende Glied zuzustecken, während das Weibchen darauf aus ist, dem Männchen das seine zu geben.

(Gerhard Branstner: Der Esel als Amtmann. Fabel Nr. 20)

Und in diesem Ungleichgewicht scheint auch die „Sollbruchstelle“ zu liegen, die das allmähliche Schwinden der Attraktivität verstehbar macht: Sie schwindet nämlich vermutlich in dem Maße, wie ein Partner das vordem bei sich selbst als Mangel Empfundene „aufgeholt“, kompensiert, vom Anderen abgeschaut hat. Anders gesagt, wie Er oder Sie in der Rolle des Entwicklungsvorbilds zunehmend weniger gebraucht wird. Warnzeichen gibt es unterwegs zuhauf, doch leider nur für die, die sehen und verstehen. Und in der Erkenntnis des drohenden Verhängnisses liegt zugleich die Heilung: Wenn beide Partner bereit sind, sich für *Entwicklung* in ihrem jeweiligen Ennea-Muster zu entscheiden, verliert der (statistisch/empirisch) zu erwartende Verlauf seine verhängnisvolle Zwangsläufigkeit. Ich glaube, wir können mit einiger Berechtigung hinzufügen: nur dann.

Sich für Entwicklung zu entscheiden, bedeutet, der Liebe eine wirkliche Zukunftschance zu geben. Beide Partner sind bzw. werden bereit, die – anfänglich eher emotional-hormonell beeinflusste – „Entscheidung“ für den Anderen tief in ihrem Inneren zu erneuern, nun aber mit besserem Wissen, also auf einer ganz anderen „Ebene“. Mit der zutreffenden Erkenntnis der persönlichen Mustereigentümlichkeit fängt, wie oben gesagt, jedwede Entwicklung an. Das gilt selbstverständlich für beide Partner. Das genauere „Erkennen“ des jeweils Anderen bildet die Voraussetzung, die Partnerin/den Partner wirklich zu meinen – mit *Bubers* Worten: *ihm als Du zu begegnen*. Wenn es gelingt, diesem Menschen in seinem Sosein gerecht zu werden, empfindet er die ihm zugedachte Wertschätzung als absichtslose, gleichsam „reine“ Geste der Liebe. Wenn aus der liebevollen Zuneigung stabiles Vertrauen werden soll, brauchen beide Partner solche Gesten der Wertschätzung als kontinuierliche Erfahrung.

Begibt sich jedoch nur einer der beiden Partner auf den Entwicklungsweg, kann dieser Prozess tragischerweise eine kontraproduktive Wirkung auf die Partnerschaft haben. Statt der erwünschten Vermehrung des gemeinsamen „Bestandes“ vergrößert sich die Kluft zwischen beiden. Der Partner, der sich nicht auf den Entwicklungsweg begibt, beäugt die Versuche und Bemühungen des Anderen misstrauisch, und im schlimmsten Fall interpretiert er sie als *gegen* sich selbst gerichtet. Hier kann sich eine dritte Person als wirkliche Hilfe erweisen, wenn sie *beiden* Partnern aufrichtige Wertschätzung vermitteln kann. Ihr wesentlichster Beitrag besteht darin, die Ungleichzeitigkeit der Entwicklungsbemühungen und das damit verbundene, wachsende Auseinandertriften beider in einen synchronen Selbsterkenntnis- und Entdeckungsweg zu verwandeln. Daneben gibt es nützliches Wissen, das beiden Partnern als Spiegel ihres bisherigen Entwicklungsstandes und als Orientierungslinie für die zukünftige Entwicklung dienen kann. Im Folgenden mache ich den Versuch, mehr und Genaueres davon mitzuteilen.[24]

8.2 Drei Weisen, Liebe zu verstehen

Eines der grundlegenden Elemente der Lehre Gurdjieffs ist die Feststellung, dass in jedem von uns mindestens drei Teilpersönlichkeiten ständig am Werke sind. Sie bilden zusammengenommen unsere Physiologie: das zerebrale, das nervöse und das instinktive System (in Gurdjieffs Terminologie: das Denkzentrum, das Emotionszentrum und das Handlungs- oder Instinktzentrum). Sie existieren nebeneinander, scheinen manchmal zusammenzuarbeiten, öfters jedoch auch nicht, und für gewöhnlich kommen sie sich in die Quere. Das bedeutet, dass sie, je nach Umweltreizen, die von außen in uns eindringen, auch Aufgaben übernehmen, für die sie nicht optimal ausgestattet sind. Da sie sehr unterschiedliche Arbeitsgeschwindigkeiten haben, bedienen sie sich gleichsam ungeniert an den Energievorräten der jeweils „überrumpelten" beiden anderen Systeme.

Je nachdem, welches dieser Zentren gerade „diensthabend" ist, fällt die Antwort des Organismus auf den von außen kommenden Reiz aus: Die Teilpersönlichkeit „Denken" antwortet anders als die Teilpersönlichkeit „Emotion"; und ganz anders wiederum die Teilpersönlichkeit „Instinkt". Allen drei Zentren oder Teilpersönlichkeiten ist eigen, das sie ziemlich ungehemmt so tun, als seien sie für das Gesamtsystem „vertretungsberechtigt", also für das, was wir unser Ich nennen. Entsprechend fühlen sich die jeweils anderen beiden Zentren nicht unbedingt an Entscheidungen gebunden, die vom gerade „handelnden" Zentrum getroffen wird, weil – wie gesagt – diese ja gleichsam anmaßend zustande gekommen ist.[25] Dieser Einteilung in drei Zentren oder

24 Die dargestellten Ideen beziehen sich auf *Alfred Orage*: On Love.
25 Sehr viel genauere Ausführungen zu der Arbeit der Zentren finden sich in meinem Buch: „Bejahen, Verneinen, Versöhnen. Gurdjieff und das Enneagramm ", Berlin 2013, S. 64 – 117.

Teilpersönlichkeiten mit unterschiedlichen Aufgaben und Charakteristika entsprechen – gleichsam als deren Früchte – drei Weisen zu lieben: die *bewusste*, die *emotionale* und die *instinktive* Liebe. Beginnen wir mit Letzterer.

8.2.1 Über die instinktive Liebe

Orage betrachtet sie als Produkt unserer biologischen Ausstattung. Ihre Wirkungsweise wird im Wesentlichen von unserer Körperchemie beeinflusst oder von dem, was wir „Natur" nennen. Sie zeigt sich beispielsweise, wenn wir uns von einem Menschen angezogen oder abgestoßen fühlen, und in den „Folgen" von Ersterem: im Umwerben des Anderen, in Formen und Folgen der Partnerschaft wie Ehe, Kinderkriegen, Familiengründung usw. Für alle diese Vorgänge findet *Orage* Analogien im Labor des Chemikers. Denn diesen Prozessen ist ebenso eigentümlich, dass ihre Qualitäten nur so intensiv und so lange existieren, wie sie als Substanz vorhanden sind. Fehlen sie oder kommen sie abhanden, verschwindet ihre Wirkung.

Meines Erachtens macht es Sinn, die instinktive Liebe mit der weiter oben beschriebenen „natürlichen" Attraktivität in Verbindung zu bringen, die durch die von einem Ennea-Muster abgehenden Verbindungslinien zu zwei anderen Mustern symbolisiert wird. Auch die immanente „Abnutzungsdynamik", die – *Orage* zufolge – der instinktiven Liebe gleichsam systemimmanent ist, deckt sich mit dem weiter oben beschriebenen Verlauf.

8.2.2 Über die emotionale Liebe

Im Gegensatz dazu – so *Orage* – sei diese Qualität der Liebe nicht in unserer Biologie verankert. Sie beruhe auf der gegenseitigen Anziehung von Unähnlichkeiten und biologischen Unvereinbarkeiten. Literarisch berühmt gewordene Beispiele seien die männermordende *Femme fatale* oder der frauenmordende *Blaubart*.[26] Sie seien komplementäre Erscheinungen, de-

26 Abbildungen: „La Belle Dame sans Merci" (Henry Meynell Rheam, 1901); „Barbebleue" (Gustav Doré, 1862)

nen dieselbe Psychologie zugrunde läge, nämlich von einer aussichtlosen, weil unstillbaren Leidenschaft besessen zu sein. Die abgeschlagenen Köpfe der ehemaligen Geliebten Blaubarts und die bleichen Gestalten der getöteten Liebhaber der Femme fatale seien wesensverwandte Phänomene: Beide Gruppen seien Opfer ihrer unstillbaren Begierde gewesen. Der legendäre „Täter“ und die „Täterin“ würden in der Literatur als Monster dargestellt, für die die Anderen als erotische Opfer herhalten mussten. *Orage* meint, auch die Täter seien Opfer ihrer erotischen Besessenheit und sie hätten darunter genauso viel gelitten wie ihre Opfer, wenn nicht sogar mehr.

Es entstehe eine unkontrollierbare Anziehung, eine überstarke Kraft durchströme die Beteiligten und zöge sie zueinander wie ein Magnet die Eisenfeilspäne. Anfangs käme es dem Eigenstolz und der Selbstliebe von *Blaubart* und *Femme fatale* sehr entgegen, dass ihnen die erotisch Abhängigen zu ihren Füßen lägen. Wenn sie aber feststellten, dass diese überwältigende Kraft auch sie selbst in ihrem Bann habe, und eben nicht von ihnen kontrollierbar sei, dann würden auch sie ihren Opferstatus erkennen. Die anfängliche Befriedigung müssten sie teuer bezahlen.

Das wesentlichste Charakteristikum der emotionale Liebe sei nicht nur ihre Kurzlebigkeit, sondern, dass sie eine zerstörende Kraft bereits in sich trage. Eine solche Liebe erzeuge Hass im Objekt ihrer Begierde, wenn dieser nicht ohnehin von Anfang an als Begleiterscheinung bereits vorhanden sei. Der emotional Liebende werde alsbald das Objekt von Gleichgültigkeit und danach von Hass. Aus diesem Stoff seien die Tragödien, die diese Form der Liebe erzeuge.

Ich zögere begreiflicherweise, hier eine einfache Analogie wie im Falle der instinktiven Liebe zu vermuten. Mit einer gehörigen Portion Abstrahierungsbereitschaft und bei ganz schonungslosem Hinsehen könnten wir jedoch möglicherweise vergleichbare Dynamiken (insbesondere den Umschlag von Liebe in Hass) bei manchen Ennea-Muster-Kombinationen vorfinden. Denn – empirisch betrachtet – gibt es meines Erachtens „enneagrammatische Unvereinbarkeiten“, genauso, wie es sie biologischer Art gibt. Der berüchtigte „Zahn der Zeit“ legt sie auf grausame Weise bloß und überfordert jedwede Überbrückungsbemühung des toleranten Einander-Aushaltens. Eine auf Höflichkeit gegründete Ko-Existenz ist auch in diesen Kombinationen durchaus lebbar, nicht aber eine auf Nähe und Intimität abzielende. Es sei denn, beide Partner erarbeiten sich die „Versöhnungsebene“, die aus der wirklichen, gegenseitigen Erkenntnis entspringt.

8.2.3 Über die bewusste Liebe

Um es vorweg zusagen: Ich befürchte, dass diese Vorstellung von der Liebe für uns Heutige nicht leicht zu fassen ist. Gewiss ist sie noch schwerer ins gelebte Leben zu bringen – vom banalen Alltag und seinen Niederungen ganz zu schweigen. Aber wenn wir sie unter dem Gesichtspunkt der *Entwicklung* betrachten, verliert sie den Charakter des Hehren, Abgehobenen und eigentlich Unerreichbaren. Denn selbst, wenn sie nur in homöopathischen Dosen verwirklicht würde, könnte sie bereits den berühmten Unterschied machen. Also bitte ich Sie, verehrte Leserinnen und Leser, die folgenden Zeilen im Geiste des zen-buddhistischen Mottos: „Beiß mir nicht in den Finger. Schau, wohin er zeigt!“ zu lesen.

Orage geht davon aus, dass die bewusste Liebe unter Menschen sehr selten anzutreffen sei. Entwicklungsgeschichtlich sei sie jedoch am Umgang des Menschen mit Tieren und Pflanzen gut zu illustrieren: Pferd und Hund seien zu Beginn Wildtiere gewesen, erst der gezielte Umgang des Menschen mit ihnen habe sie domestiziert. Gleichwohl sei dies eine *primitive* Form bewusster Liebe, denn die Motive der Menschen seien egoistisch gewesen und hätten auf den Gebrauchswert abgezielt. Ähnlich habe es sich mit der Kultivierung von Pflanzen verhalten. Aber in diesem Umgang sei bereits das *Grundmotiv* der bewussten Liebe angelegt und zu erkennen: In ihrem entwickelten Stadium bestehe sie nämlich in dem Wunsch, das „Objekt der liebenden Begierde" möge sich zu der ihm innewohnenden Perfektion entwickeln, ganz gleich, welche Folgen daraus für den Liebenden entstehen.

Ich befürchte, dass dieser Satz so wuchtig ist, dass wir ihn am liebsten wegen Sentimentalitäts- oder Kitschverdachts umgehend entsorgen und uns auf diese Weise „schadlos" halten möchten. Wäre da nicht ein Paradox, auf das *Orage* ebenfalls hinweist: Die Haltung bewusster Liebe erzeuge eine ähnliche Haltung im Gegenüber. Wenn das wirklich zutreffen sollte, würde jede weitere Beschäftigung mit ihr automatisch an Attraktivität gewinnen. Versuchen wir also, die Zusammenhänge noch genauer zu verstehen.

In seinem schonungslos-genauen Hinblick kommt er zu der Vermutung, dass sich die große Mehrheit der Menschen in der Liebe wie Kinder verhalte: Sie trachteten in erster Linie danach, geliebt zu werden, und weniger danach, selbst zu lieben. Er nennt noch weitere Gründe dafür, warum bewusste Liebe so selten unter Menschen vorkommt:

- Die Idee der Perfektion werde selten als das Ziel der Liebe begriffen, obwohl es gerade das Kriterium sei, welches die reife Liebe von der kindlichen oder der animalischen unterscheide.
- Die meisten von uns wüssten nicht – selbst wenn sie es wollten – was für den Menschen, den sie liebten, wirklich gut sei. (Meine Anmerkung: Hier kann die ernsthafte Auseinandersetzung mit der Enneagramm-Idee erstmals passgenau Abhilfe schaffen.)
- Bewusste Liebe geschehe niemals zufällig, sondern sei das Ergebnis von Entschlossenheit, Anstrengung und selbst-bewusster Entscheidung. Sie entstehe also nicht auf natürliche Weise, sondern sei ein „Kunst-Werk". Dementsprechend müsse jeder Mensch, der diese Liebe verwirklichen wolle, vor der Meisterschaft Lehrjahre durchlaufen.

Und was erwartet ihn unterwegs, wenn er sich in den Dienst bewusster Liebe stellen will?

Wenn er sich aus dem Bann egoistischer Motive und vorgefasster Meinungen befreit habe, solle er als Nächstes versuchen, seinen geliebten Menschen genau zu ergründen: Wer ist er (oder sie)? Worin könnte dessen Perfektion bestehen? Wie könne sie verwirklicht werden? Diesen Menschen umgebe ein Geheimnis.

Aber ist der so Liebende bereits durch bloßen Vorsatz wirklich dazu in der Lage?

Orage meint, der Mensch könne nur zu dem Schluss kommen, dass er es *nicht* sei. Denn wenn jemand weder Blumen kultivieren noch zu Hunden und Pferden den richtigen Zugang finden könne, wie könne der die Perfektion enthüllen, die als Same im geliebten Menschen bereits angelegt sei? Deshalb seien Bescheidenheit und nachdenkliche Toleranz angezeigt. Wenn man nicht sicher sei, was zur Perfektion führen könne, dürfe man zumindest den geliebten Menschen nicht daran hindern, seinen eigenen Neigungen zu folgen.

Inzwischen gelte es zu erforschen, wer der geliebte Mensch sei und was er werden könne, was er brauche, wonach sich seine Seele sehne, und wofür sie noch keinen Ausdruck finden könne. Es gehe darum, vorwegzunehmen, was heute die Bedürfnisse dieses Menschen für morgen seien. Und dabei solle der bewusst Liebende keinen Gedanken daran verschwenden, was die Bedürfnisse des geliebten Menschen für ihn bedeuteten. Diejenigen, die zu diesem Wagnis bereit seien, würden ahnen, wie viel Selbstdisziplin und Selbst-Erziehung hier gefordert seien.

Orage meint, die meisten Menschen würden ohne Zögern von sich behaupten, dass sie geliebt hätten und lieben würden. Aber das sei nicht genug, denn diese Art von Liebe beruhe lediglich auf Affinitäten (oder Dis-Affinitäten).

Sie sei daher in beiden Fällen unbewusst, was zugleich „unkontrolliert" bedeute. Und dieser Status könne sowohl für den einen wie für beide insofern gefährlich werden, als sie sich im Banne einer natürlich-elementaren Kraft befänden, die ihre eigenen Ziele verfolge. Und die Ereignisse endeten nur solange glücklich, wie wir in der Lage seien, durch sorgfältigen Umgang mit diesem „Sprengstoff" niemanden zu verletzen. Liebe ohne Wissen könne den geliebten Menschen zerstören. Wer kenne nicht Beispiele von Menschen, die von ihrem Geliebten elend und krank gemacht worden seien.

Zum Wissen müsse noch Stärke hinzukommen, denn nur in diesem Zustand könne der Liebende für den geliebten Menschen wirklich das tun, was er sich für ihn wünsche, und von dem er wisse, dass es Freude in ihm auslöse. *Orage* pointiert diesen Zusammenhang auf folgende Weise: Menschen sollten darum bitten, dass ihnen die Erfahrung von Liebe ohne Weisheit und Stärke erspart bleibe. Und wenn sie sich verliebten, sollten sie um Führung ihrer Liebe durch Wissen und Stärke bitten. Liebe sei nicht genug, entsprechend dem Motto: *„Ich liebe dich", sagte der Mann. „Merkwürdig, dass ich mich dadurch nicht besser fühle", sagte die Frau.* Bewusste Liebe hingegen sei sowohl von Weisheit durchdrungen wie in der Lage, sich in den Dienst des Geliebten zu stellen.

Alle wirklich Liebenden seien für alle Anderen unverletzlich – mit Ausnahme des geliebten Menschen. Und das sei nicht das Werk von Anstrengung, sondern der Liebe allein. Dieser Unverletzlichkeit hafte etwas Magisches an. Für die wirklich Liebenden gebe es keine Versuchung, und weil diese gar nicht erst erlebt werde, brauche sie auch nicht überwunden zu werden. *Orage* meint, aus dem prinzipiellen Vorhandensein von Untreue zu schließen, dass es diese Unverletzlichkeit nicht gäbe, sei falsch: Untreue habe ihren Ursprung nicht notwendigerweise in der Versuchung, sondern häufig in der Gleichgültigkeit. Wir Menschen sollten lernen, wirkliche und bloß angenommene Unverletzlichkeit zu unterscheiden. Letztere resultiere – so wortreich sie immer auch behauptet werde – aus der Furcht. Nur die Erstere sei eine Frucht der Liebe.

Orage weist daraufhin, dass der Status des bewusst Liebenden nicht nur in der Beziehung zu einem Menschen allein existiert. Ein Mensch, der die Gabe habe, in anderen Menschen die Liebe zu entfachen, indem er sie an diese natürliche Energiequelle anschließe, müsse seine Liebesfähigkeit nicht unbedingt auf einen Menschen einschränken. Vielmehr wirke er wie ein Katalysator in der Chemie: Wie dieser ermögliche er Austausch- und Kombinationsmöglichkeiten, ohne selbst in diese Prozesse eingebunden zu sein. Die Menschen, die ihm intensiv begegneten, spürten danach in sich einen aktiven Geist der Liebe, der sich bereitwillig in deren Dienst stellen würde.

Genauso gebe es keine zwingende Beziehung zwischen Liebe und Kinderkriegen, wohl aber eine notwendige zwischen der Liebe und dem Schöpferischen. Die fundamentale Wahrheit sei: Liebe ist immer schöpferisch. Liebe habe die Welt erschaffen, aber deshalb seien nicht alle ihre Werke unbedingt schön. Das Ziel bewusster Liebe sei es, die spirituelle Wiedergeburt zu ermöglichen, also das, was in den Evangelien mit „Werdet wie die Kindlein" umschrieben wurde. So gesehen enthalte die Veränderung, die an jemanden geschieht, der wirklich liebt oder geliebt wird, neben der jugendlichen Frische auch zugleich einen Hauch des Zeitlosen, der Ewigkeit.

8.3 Wie es gelingen kann, bewusst zu lieben

Eingangs wurde bereits gesagt, dass sich dieser Zustand nicht von selbst, also gleichsam von Natur aus, einstellt, sondern das Ergebnis eines gezielten Einübens ist. *Orage* meint, obgleich sich alle Menschen – auch die zynischsten unter uns – wünschten, in diesem Zustand zu sein, habe noch nie jemand den Schlüssel dazu veröffentlicht, sodass die große Mehrheit auch gar nicht an die Existenz bewusster Liebe glaube.

Seine Lernbereitschaft vorausgesetzt, könne der Liebende damit beginnen, herauszufinden, worin für den geliebten Menschen eine *freudige Überraschung* bestehen könnte, ganz gleich ob in Worten oder Taten. Zu Beginn werde es vermutlich keine vollständige Überraschung sein, sondern etwas, das noch im Erwartungshorizont des geliebten Menschen liege. Die Freude werde auf dessen Seite darin bestehen, dass der Liebende einen geheimen Wunsch erraten habe. Später würden diese Gesten eine wirkliche freudige Überraschungen bewirken: „Wie konntest Du wissen, dass ich mich darüber freuen würde, obwohl ich selbst nie auf so etwas gekommen wäre?“ Das wichtigste Hilfsmittel zum Erlernen der bewussten Liebe sei also, die aufkeimenden Wünsche des geliebten Menschen vorwegzunehmen, solange ihm diese noch nicht bewusst seien.

8.3.1 Take hold tightly; let go lightly

Eines der großen Geheimnisse des Glücklich-Seins in der Liebe aber sei in der Aussage: „Take hold tightly; let go lightly“ enthalten.[27] Denn auch der bewusst Liebende sei nicht davor gefeit, die Enttäuschung des Erlöschens der Liebe zu erleben. Und dann gehe es darum, den richtigen Zeitpunkt zu erkennen, an dem an die Stelle des Festhaltens das Loslassen treten müsse. *Orage* merkt lakonisch an, die Schluchten des Venusberges seien übervoll mit Liebenden, die nicht voneinander lassen könnten. Jeder von ihnen würde gerne weggehen, aber genau in dem Moment würde der Andere das nicht zulassen.

Er nennt mehrere Gründe, die in diesen unglücklichen Zustand führen können:

- In den meisten Fällen sei der Fehler bereits am Beginn der Verbindung zu suchen: Die beiden Partner hätten sich in die Verbindung gestürzt, ohne einen Gedanken an ihr mögliches Ende (und die dann notwendige Auflösung) zu verschwenden. Oft seien die ersten fünf Minuten der ersten Begegnung der Liebenden für die gesamte Zukunft der Beziehung prägend.
- Manchmal lägen gerade hier die Gründe für die spätere „Unverträglichkeit“: Die erste Begegnung hätte besser nicht stattgefunden oder zumindest nicht in den konkreten Umständen ihres Ablaufs. Beziehungen, die zur Unzeit entstünden, würden immer Probleme verursachen.

27 Sinngemäß: „Biete festen Halt; lasse leichten Herzens los!“

- In anderen Fällen seien es Altersdifferenzen, Bildungsunterschiede oder die „Vergangenheit“ eines oder beider Partner, die sich in die Gegenwart zurückmelde. Oder der Partner/die Partnerin sei die „letzte Hoffnung“; oder man habe bereits so viele Jahre in der Partnerschaft verbracht; oder es sei ja bis dato alles in Ordnung gewesen; oder man habe sich „ewige Treue“ geschworen; oder jemand sei noch von einer vorangegangenen Trennung traumatisiert; oder wegen der Vorstellung, dass der Andere den Gedanken, der ehemalige Partner würde auch ohne ihn glücklich, schier nicht ertragen könne ... und, und, und.

Orage meint lakonisch, es gebe tausend Gründe, von denen jeder als Anlass, nicht jedoch als wirkliche Begründung tauge. Sondern vielmehr sei es so: Wenn einer der beiden Partner gehen wolle, sei es die Pflicht des Anderen, ihn loszulassen. Große Liebe könne beides: halten und loslassen.

Eifersucht, so *Orage*, sei der „Drache im Paradies“, die „Hölle des Himmels“ und die bitterste aller Emotionen, weil sie mit der süßesten verbunden sei. Bewusste Liebe sei das einzige Heilmittel, aber es sei schwerer zu finden als es koste, die „Krankheit Eifersucht“ auszuhalten. Es gebe aber schmerzstillende Mittel: Da sei zunächst die Selbst-Erkenntnis des unter Eifersucht leidenden Partners. Und zu dieser müsse der Wunsch kommen, von der Krankheit zu genesen. Aufgabe des bewusst Liebenden sei es, den eifersüchtigen Partner absichtlich experimentieren zu lassen und während dieses Prozesses sehr nachsichtig mit ihm zu sein. Am Ende, wenn alle seine Versuche zu keiner Lösung geführt hätten, sei ihm zu wünschen, dass er wirklich loslassen könne.

8.4 Ein enneagrammatischer Draufblick

Möglicherweise ist Ihnen, liebe Leserin, lieber Leser, ob der vielen Einzelheiten die Begründung abhanden gekommen, warum ausgerechnet die Darstellung über die Liebe so ausführlich geraten ist, und vor allem, was sie mit dem Thema Entwicklung zu tun hat. Mehrere Gründe haben mich dazu bewogen:

- Die Entwicklung der eigenen Liebesfähigkeit ist gleichsam der nobelste „Anwendungsfall" der Enneagramm-Idee. Er weist weit und nachhaltig über die Ego-Begrenzung hinaus. Was nutzt jedwede, wie auch immer geartete Selbst-Optimierung, wenn sie nicht letztlich diesem Ziel dient? Im Gegenteil: Die Vergrößerung der Eigenliebe würde fast zwangsläufig die Fähigkeit verringern, bewusst zu lieben.
- Für mich sind die die Ideen von *Alfred Orage* ein weiterer Beleg für die bereits eingangs in den „Zehn Thesen zur Entwicklung" geäußerte Ansicht, dass die Verbindung von Gurdjieffs Ideen – hier aus der Feder seines wichtigsten Schülers stammend – wirklich weiterführende Perspektiven eröffnet. Die Orientierung unserer Liebesfähigkeit an der Charakteristik der Teilpersönlichkeiten (Denken, Fühlen, Handeln) ist von lebenspraktischer Relevanz.
- Diese weiterführenden Perspektiven haben den Charme, wirklich praktischen Nutzwert zu besitzen: Ich kann sie sofort und überall ausprobieren und ihre Wirkung auf mich und mein eigenes Verhalten studieren. Der liebende Blick auf die Entwicklungspotenziale des/der Anderen ist gleichsam ein paradigmatischer Befreiungsschlag, der mich aus der Enge der Egozentrierung in die Welt des Zwischenmenschlichen führt, den Bereich also, in dem – wie Buber es uns gezeigt hat – wahrhaftige Begegnungen geschehen können.
- Unsere Liebesfähigkeit als solche ist *entwicklungsfähig*. Unabdingbar notwendig hierfür ist die Übernahme der Perspektive, die Entwicklungsfähigkeit des Anderen zur Richtschnur eigenen (Liebes-)Handelns zu machen. Von hier aus ist es nur ein kleiner Schritt zur mächtigsten Antwort Bubers auf die selbstgestellte Frage, wo der Ort des Göttlichen sei: *zwischen* Dir und mir. Und seine radikal-lakonische Aussage: „Liebe ist Verantwortung eines Ich für ein Du"[28] wird bis in feine Verästelungen hinein konkret und nachvollziehbar.

28 Martin Buber: „Ich und Du." Heidelberg 1983 (11. Aufl.), S. 22

9. EntwicklungsHilfen II: Wege zur Vervollkommnung

Hoffentlich hat sich gezeigt, dass es nicht nur möglich, sondern auch lohnenswert ist, die eigene Liebesfähigkeit zu entwickeln. Und es wurde wohl auch deutlich, dass es neben der eigenen Bereitschaft ein spezifisches Wissen braucht, welches den Blick für eine mögliche Entwicklungsrichtung überhaupt erst eröffnet. Genauso unerlässlich wie dieses „augenöffnende" Wissen ist eine konkrete Technik, denn erst durch sie bekommt die Verwirklichung eines guten Vorsatzes eine realistische Chance.

Wer sich also von den vorangegangenen Ausführungen angesprochen fühlte, kann den nun folgenden Skizzen weiterer möglicher Entwicklungs-„Baustellen" wahrscheinlich ebenso viel Motivierendes wie Herausforderndes abgewinnen. Die Einsichten und Erkenntnisse beziehen sich wieder auf *Alfred Orage*, der sie unter dem eher bescheiden daherkommenden Titel: „Psychological Essays" versammelt hat. Schon ein thematischer Überblick verdeutlicht, wie viel Understatement dabei im Spiel war. Hier ist eine Auswahl:

- Willentlich denken lernen
- Schlechte Laune und Verstimmungen kontrollieren lernen
- Nicht gelangweilt werden
- Menschen lesen lernen
- Sich selbst nicht preisgeben
- Beobachten lernen
- Mehr leben
- Den eigenen Energiehaushalt kontrollieren lernen
- Kann Intuition erworben werden?
- Vom täglichen Sterben
- Das Leben als sportliche Übung betrachten lernen

Den kundigen Leserinnen und Lesern wird die geistige Herkunft der Themenfelder aus Gurdjieffs Lehre vom *Vierten Weg* ziemlich schnell auffallen. Für mich sind sie ein weiterer überzeugender Beleg für die Annahme, dass der enneagrammatische Entwicklungsweg ohne diese „Zutaten“ auf entscheidende Tiefendimensionen verzichten müsste *(vgl. Grundlegende Annahme, S. 19)*. Die nun darzulegenden Gedanken und Einsichten berühren – aus der Perspektive des „Enneagramms der Persönlichkeit“ betrachtet – alle Ennea-Muster gleichermaßen, auch wenn bei oberflächlicher Betrachtung eine größere Affinität zu manchen Mustern zu bestehen scheint als zu anderen.

Sie bereiten einerseits den Boden für die Entwicklung innerhalb des eigenen Musters, andererseits schärfen sie alle „Sinne“, die in den komplexen Vorgang *Entwicklungsprozess* involviert sind *(siehe These 9)*. Am wichtigsten jedoch: Sie erzeugen in ihrer Zusammenschau ein meines Erachtens hinreichend differenziertes Bewusstsein für die Größe der Aufgabe. Wagen wir also einen aufgeschlossen-neugierigen Blick in künftig zu tuende EntwicklungsArbeit, damit wir uns irgendwann der Anführungszeichen entledigen können, die uns vom wahren Mensch-Sein trennen.

9.1 Willentlich denken lernen

Für uns Menschen ist es selbstverständlich, dass wir *denkende* Wesen sind, denn es ist unsere natürliche Veranlagung. Gegenstand der *Entwicklung* ist demnach ein Zustand, der darüber hinausweist: ein absichtlich bzw. willentlich entwickeltes Denkvermögen. *Orage* geht – ganz im Einklang mit heutigen Ergebnissen neurowissenschaftlicher Forschung – davon aus, dass wir über ein enormes Denkpotenzial verfügen. Durch ihre Lebensumstände wird die übergroße Mehrheit von uns Menschen aber nie dazu herausgefordert, dieses Potenzial zu verwirklichen: „Als Millionäre geboren, leben und sterben wir in Armut.“ Und er schätzt die Chancen gering ein, dass wir Lebensumstände wählen, die unser Denkvermögen herausfordern, viel öfter „wählen“ diese Umstände uns aus.

Er illustriert dies am Beispiel von zwei gleich begabten jungen Menschen. Den einen bringen die Umstände dazu, als Liftboy zu arbeiten, der andere gerät durch Umstände, die er ebenfalls kaum beeinflussen konnte, als Praktikant in ein Ingenieurbüro. Zweifellos wird der Zweite sein Denkvermögen mehr trainieren müssen als der Erste, schon aus dem einfachen Grund, weil dies seinem Job-Erhalt dient. Im Sinne der gurdjieffschen Lehre wird der Zweite ein besserer „Denker". Er entwickelt also mehr von seiner Teilpersönlichkeit „Denken", er kommt seinem Mensch-Sein mithin näher.

Orages Fazit: Wenn wir die Entwicklung unserer Denkfähigkeit nicht der „Gnade der Umstände" überlassen wollen, was letztlich gleichbedeutend mit der Tatsache ist, dass wir lediglich unser „natürliches" Denk-Potenzial benutzen, bleibt uns nur das *willentliche Training*. Dieses wiederum braucht besondere Übungsmöglichkeiten. Und die sollten „einfach und sicher" gestaltet sein und „ohne die Hilfe eines Lehrers oder einer Lerngemeinschaft" anwendbar. Voraussetzung solle nur der Wille sein, die eigene Denkfähigkeit verbessern zu wollen. Die folgende Übung erfüllt diese Bedingungen.

Übung – erste Stufe. Wir brauchen hierzu lediglich eine Uhr, die einen Sekundenzeiger besitzt, und wir sollen nur die Bewegung dieses Zeigers beobachten, und zwar sechzig Sekunden, die er braucht, um den Kreis einmal zu vollenden. Beginnen sollen wir bei der Zwölf, und seiner Bewegung folgen, ohne auch nur einen Blick auf den Minuten- oder den Stundenzeiger zu werfen. Unsere Augen sollen auf den Sekundenzeiger fokussiert bleiben. Wenn es uns – ohne zu mogeln – gelingt, unseren Blick eine Umdrehung lang nur auf dem Sekundenzeiger zu halten, haben wir, so *Orage*, einen bedeutsamen Schritt in Richtung Entwicklung der eigenen Denkkraft gemacht.

Übung – zweite Stufe. Wir sollen den Fokus unserer Aufmerksamkeit wie zuvor auf den Sekundenzeiger richten. Während einer Umdrehung sollen wir im Geiste langsam die Zahlen von Eins bis Zehn vorwärts und rückwärts zählen und die Übung so lange wiederholen, bis sie sehr schwierig wird, *und sie dann erst recht weitermachen!* (Offenkundig erfordert sie gleichsam die doppelte Aufmerksamkeit, denn zum Beobachten des Zeigers kommt noch das Zählen.)

Übung – dritte Stufe. Nun sollen wir der doppelten Aktivität noch eine dritte hinzufügen, indem wir ein Gedicht aufsagen. Unsere Augen sind also nun mit dem Sekundenzeiger beschäftigt, unser Bewusstsein konzentriert sich auf das Zählen, und unsere innere Stimme lässt das Gedicht verlauten. Unmöglich? Es kommt auf einen Versuch an. Und die Schwierigkeit lässt sich beliebig steigern. *Orage* geht davon aus, dass bereits zwei oder drei Minuten, kontinuierlich geübt, einen Unterschied machen. Und dass sich eine Verbesserung sowohl der Denkkraft wie der Konzentrationsfähigkeit bei regelmäßiger Übung schnell bemerkbar machen wird.

9.2 Schlechte Laune und Verstimmungen kontrollieren lernen

Für *Orage* ist es eine Tatsache, dass schlechter Laune nicht mit dem Verstand beizukommen sei. Selbst wenn dieser durch Training im vorher beschriebenen Sinne gestärkt würde, sei er aufgrund seiner niedrigeren Arbeitsgeschwindigkeit weder dem Instinkt- noch dem Emotionszentrum ebenbürtig. Vielmehr verhielten sich Instinkt, Emotion und Verstand zueinander wie Elektrizität, Gas und Dampf. Es brauche also viel mehr Energieeinsatz des Denkzentrums, um den mit höherer Geschwindigkeit arbeitenden beiden anderen Zentren etwas entgegenzusetzen. Wenn dem Verstand dennoch ein Einfluss gelinge, sei dies meist auf eine Beimischung von Energien anderer Zentren zurückzuführen: Im Zustand körperlichen Wohlbefindens sei es eben leichter, schlechte Laune nicht aufkommen zu lassen, ebenso im Stadium des Frisch-Verliebt-Seins, auch unter dem Einfluss der Angst oder anderer starker Emotionen.

Herkömmlicherweise – so *Orage* – gebe es zwei „Rezepte“ gegen negative emotionale Zustände: körperliche Aktivität als Ablenkung bzw. Zerstreuung (zeitgenössisch z. B. durch Joggen) und der Versuch, andere Emotionen gleichsam als Gegengewicht hervorzurufen. Letzteres geschieht, wenn wohlmeinende Andere die schrecklichen Folgen des Verharrens in negativen Emotionen ausmalen, also *Angst* induzieren oder an unsere „bessere Natur“ appellieren.

Orage meint, dass beide Wege nur dann etwas bewirken könnten, wenn die eigene Entschlossenheit hinzukäme. Die aber nütze auch nichts mehr, wenn der negative emotionale Zustand Krankheitswert erreicht habe. Dann helfe nur noch abzuwarten, bis Besserung eintrete, oder die Anerkenntnis auszusprechen: „Ich bin krank“. Und das bedeute, niemand Anderem – weder einer Person, noch irgendwelchen Umständen – die Schuld am eigenen Zustand zuzuschreiben. Durch das Benennen von irgendwelchen Ursachen und Gründen sei noch nie jemand gesund geworden. Hingegen wirke es sich bereits besänftigend auf die Wucht der negativen Emotionen aus, den eigenen Zustand ehrlich anzuerkennen – wie Öl die Wellen glätte.

Doch die Übernahme einer richtigen Haltung genüge nicht. Es müsse etwas *getan* werden. Der Teufel finde nämlich sonst Möglichkeiten, mit falsch eingesetzter Energie Schaden anzurichten. Schließlich lebe er von der Energie, die wir an negative Emotionen verschwendeten.

Was ist also zu tun?

- Versuche, ein *Nachdenken* über den Grund der negativen Emotionen oder der mit ihnen zusammenhängenden Umstände zu *vermeiden*. Das Denken wird durch die aufgewühlten Umstände verzerrt, unter denen es stattfindet. Die Anstrengung ist so vergebens, als wolle man einen Gegenstand durch schlammiges, aufgewühltes Wasser hindurch klar erkennen.
- Versuche, *nicht zu fühlen*. Das klingt zunächst unmöglich, denn genau davon versprechen wir uns ja die Lösung, die unser Unglück beendet. Doch zugleich wissen wir, dass wir die Wahl haben, uns in ein Gefühl einzunisten und es uns vollständig ergreifen zu lassen, oder eben nicht. Es ist wie mit dem schmerzenden Zahn und der Versuchung, die Zunge noch stärker an die Stelle zu pressen, wo es besonders weh tut.
- Aber die wirkliche Linderung kommt nicht aus diesen beiden Vorschlägen, sondern so: Wenn sich ein Zustand dunkler Emotionen entwickelt oder sich bereits eingestellt hat, dann beobachte und *registriere nur deinen körperlichen Zustand*, denn dieser spricht eine äußerst beredte Spra-

che und offenbart für jede Stimmung eine besondere Kombination von Symptomen. Finde mit gleichsam wissenschaftlicher Neugier heraus, wie sich dunkle Stimmungen in körperlichen Symptomen niederschlagen: z. B. wird der Mund trocken oder es entwickelt sich ein unangenehmer Geschmack, die Haut wird runzelig, einige Muskeln verkrampfen sich, Übelkeit steigt auf oder ein Druck entsteht in der Herzgegend.

Viele Symptome sprechen für sich selbst. Ihre genaue Beobachtung und das anschließende Notieren sollen so vonstatten gehen, als wären sie als Material für ein psychologisches Textbuch vorgesehen. *Orage* ist sich sicher, dass die dunkle Stimmung verschwunden sein wird, wenn die Beobachtung abgeschlossen ist. Und dass durch sie die Energie erhalten bleibt, die andernfalls vom Ausleben der negativen Emotion aufgezehrt würde.

9.3 Nicht gelangweilt werden

Gelangweilt werden wir an dem Punkt, an dem unsere aktive Intelligenz an ihre Grenze stößt. Wenn wir schnell gelangweilt werden, bedeutet das, dass sie entweder wirklich nicht weiter reicht, oder dass sie mangels Herausforderung brach liegt. In *Orages* (bzw. Gurdjieffs) Menschenbild gibt es per se keine langweiligen Menschen, weil jeder einzelne Mensch gleichsam eine Inhaltsangabe des Buches der Menschheit ist und einen Teil des großen Geheimnisses verkörpert, das sie als Ganze darstellt: „Wer alles von einem Menschen erkennen und von ihm verstehen könnte, der würde den Schlüssel zur Erkenntnis der gesamten Menschheit in Händen halten." (Für mich gibt es auch für den angemessenen Umgang mit dem „Enneagramm der Persönlichkeit" kein passenderes Menschenbild.)

Gleichwohl hieße es, die Wirklichkeit dem Kitsch zu opfern, würden wir die Tatsache leugnen, dass uns manche Menschen mehr interessieren als andere: Während es ein fast schwereloses Vergnügen ist, Ersteren zu begegnen, und sich von ihnen anregen zu lassen, lässt uns die Zusammenkunft mit anderen bestenfalls gleichgültig und unberührt. Wir wissen, dass dieser Eindruck sehr subjektiv ist, denn für andere Menschen könnte es eine Begegnung sein, aus der sie wesentlich mehr Gewinn ziehen. Warum ist das so?

Die Alltagsbegründung lautet: „Weil die Chemie stimmt.“ *Orage* greift diesen Gedanken auf und differenziert ihn auf folgende Weise: Die „Chemikalien“ sind in der Tat unsere Bausteine, aber kein Mensch findet jemals einen „Zwilling“, dessen Komponenten genau gleich sind. Sowohl deren Anzahl als auch ihr Verhältnis zueinander unterscheiden sich, genauso wie das Aktivitätsniveau der einzelnen Komponenten. Diese Abweichungen sind der Grund für die außergewöhnliche große Unterschiedlichkeit zwischen uns Menschen.

Auch im zwischenmenschlichen Bereich gibt es bekanntermaßen – genauso wie in der Chemie – Wesensverwandtschaften. Manche chemische Komponenten reagieren miteinander, tauschen Qualitäten aus oder verbinden sich sogar. Mit anderen kommt es weder zu Kontakt noch Austausch, geschweige denn, zu einer Verbindung. *Orage* sieht darin mehr als nur eine Analogie: Unser Interesse an anderen Menschen ist bedingt durch aktive, verwandte chemische Komponenten. Allen unseren freundlichen, gleichgültigen oder feindseligen Beziehungen liegen sie zugrunde. Mit einem wichtigen Unterschied: Wir sind nicht nur ein Chemie-Labor, sondern in uns gibt es einen Chemiker, der – weil er die chemischen Gesetze kennt – Kombinationen herbeiführen kann, die ohne seinen Einfluss unwahrscheinlich oder gar unmöglich wären.

Ein Mensch, der nur seinen eigenen Interessen folgt und von diesen aus seine Umwelt in „interessant“ oder „uninteressant“ einteilt, sei wie ein Labor ohne Chemiker. Er sei – in der Sprache des *Vierten Weges* – ein Geschöpf seiner Lebensumstände. Von diesen hänge ab, wen er als anregend oder als dumpf empfinde. *Orage* nennt es das Hauptanliegen der Psychologie, „einen Chemiker in unserem Labor arbeiten zu lassen“, denn wir alle wollten über uns und über alle Elemente, aus denen wir gemacht sind, die Kontrolle haben. Das sei wesentliches Ziel und die Würde unseres Mensch-Seins.

Wie kann also der Chemiker in unserem Labor zum Arbeiten gebracht werden? Indem wir mit der Haltung forschender Neugier in die Begegnung mit Menschen eintreten. *Orage* empfiehlt, dass wir zu uns selbst sagen: „Hier begegnet mir eine wunderbare Zusammensetzung chemischer Elemente, von denen ich nur einen winzigen Teil kenne. Ich wünsche mir, sie alle kennen und verstehen zu lernen. Das ist meine Aufgabe als menschliches Wesen.“ Er meint, dass es durch diese Haltung aktiver Neugier unmöglich sei, „von irgendjemand unter irgendwelchen Umständen“ gelangweilt zu werden. Im Gegenteil, sie werde in uns zur Quelle beständig wachsender Energie. Ich möchte hinzufügen: Wer sich in der enneagrammatischen Neunsprachigkeit der „Anderheit des Anderen“ einigermaßen auskennt, wird den „chemischen Komponenten“ sogar psychologisch plausible und zutreffende Namen geben können. Das wiederum führt dazu, die Anderheit nicht als bedrohlich (weil energiezehrend), sondern als interessant, leicht und energiespendend zu erleben.

9.4 Menschen „lesen“ lernen

Menschen sind – so *Orage* – die interessantesten Bücher. Wenn wir Menschen ebenso leicht lesen könnten wie Bücher, dann würde sich kaum jemand der Mühe unterziehen, echte Bücher zu lesen. Leider gelingt das nur selten und zudem nur wenigen Menschen. Denn selbst, wenn jemand sehr viele Menschen in sehr verschiedenen Umständen kennengelernt hat, ist er nicht in der Lage, sie in ihrer Komplexität vollständig zu erfassen. *Orage* vergleicht selbst diesen begabten und geübten Menschen mit einem Kind, das nur Englisch spricht und in einem Buch lesen soll, das in allen Sprachen der Welt gedruckt ist. Allen Hilfsmitteln, zu denen wir Zuflucht nehmen (z. B. Handlesen, Astrologie usw.) liefern keine genaueren Ergebnisse, als dies der „gesunde Menschenverstand“ tut. Geradezu abenteuerlich werde es, wenn die Zukunft vorhergesagt werde, denn diese Kapitel des Menschen-Buches seien noch nicht einmal geschrieben.

Was also kann uns wirklich in die Lage versetzen, Menschen zu „lesen“? *Orage* empfiehlt – very British –, wir sollten *Sherlock Holmes* imitieren. Das sei zwar der bekannteste, aber zugleich am seltensten praktizierte Weg. Er könne von jedermann – ohne besondere Vorkenntnisse und ohne spezielles Training, bloß mit dem gesunden Menschenverstand ausgestattet – begangen werden. Auch die Griechen der Antike hätten bereits die Elektrizität gekannt, jedoch versäumt, sie zu entwickeln. Sherlock Holmes und sein Schöpfer seien wie Kinder, verglichen mit dem, was wir erreichen könnten, wenn wir deren Methode ernsthaft und sorgfältig weiterentwickeln würden.

Aber Weiterentwicklung allein sei nicht genug. Um wirklich bessere und genauere Ergebnisse zu erzielen, müsste die „Sprache“, die wir entziffern wollen, zumindest katalogisiert werden.[29] Letztlich sei unser Selbstausdrucks-Repertoire begrenzt, genauso wie die Anzahl der von uns Menschen gesprochenen Sprachen. Aber auch ohne diese, noch zu tuende Arbeit könnten wir in Gegenwart eines uns völlig fremden Menschen bereits Daten zu folgenden wichtigen Kategorien sammeln: *physische Erscheinung, Körperhaltung, Gestik, Gesichtsausdruck, Stimme, Auftreten und Verhalten.* Ausgehend von diesen Beobachtungen könnten wir zu Schlussfolgerungen gelangen, zunächst zögerlich, und – mit zunehmender Übung und über Versuch und Irrtum – allmählich sicherer werdend.

Natürlich setze das alles voraus, dass der Beobachter auch wirklich achtsam und „gegenwärtig“ sei und zwischen den genannten Kategorien leicht hin- und herpendeln könne. Der Effekt aber sei dann ein doppelter: Einerseits verbessere sich die Kompetenz, Menschen „lesen“ zu können, weil sich Beobachtungsfähigkeit, Schlussfolgerungskompetenz und die Fähigkeit zu nüchterner Beurteilung verfeinere. Andererseits ziele dieser Entwicklungsprozess auf die höchste menschliche Fähigkeit, nämlich die Intuition durch Vergewisserung absichern zu können.

29 Ich glaube, dass die Entwicklungen im Bereich „Enneagramm der Persönlichkeit“ diese Forderung *Orages* bereits ziemlich weitgehend erfüllen.

9.5 Sich selbst nicht preisgeben

Nicht selten haben wir unwillentlich etwas von uns preisgegeben, was wir eigentlich lieber für uns behalten hätten. Es geht um die Kontrolle unseres Ausdrucks – nicht nur des Gesichts, sondern auch der Gestik, der Bewegungen, der Haltung, des Verhaltens, der Stimmlage. Während der kindliche Charme gerade darin besteht, sich noch nicht kontrollieren zu können, hängt für uns Erwachsene vom Gegenteil vieles ab, z. B. Erfolg, eigenes Glück und das Glück anderer.

Für einen geübten Beobachter sind wir immer und überall transparent. Das gilt es zunächst für uns zu akzeptieren. *Orage* illustriert das so: Wenn ich kurz nach dem Aufwachen eine traurige Nachricht bekomme, drückt mein Körper sofort diese Stimmung aus. Mein Gesicht wird faltig, meine Mundwinkel ziehen sich nach unten, meine Gesten wirken weniger lebhaft, meine Haltung verliert ihre Spannung. Jedem, der mich kennt, wird das sofort auffallen, aber auch einem geübten Beobachter, der mich zum ersten Mal sieht. *Orage* geht davon aus, dass sich dieser Zusammenhang immer wiederholt: Innere Zustände finden ihre Entsprechung im physischen Ausdruck. Und nur die Wenigsten von uns wissen, wie sie in dieser oder jener Stimmung aussehen, und wie viel sie dabei von sich preisgeben.

Angenommen, wir wollten eine Alternative zum unwillentlichen „Veröffentlichen“ entwickeln, was gäbe es dann zu tun? Wir müssten uns zunächst ein genaues Bild davon machen, wie wir unsere Befindlichkeit nach außen zeigen. Die beste Haltung ist die experimentelle Neugier. Sie ist dann besonders ertragreich, wenn wir dazu neigen, uns unbeobachtet zu wähnen. Beispiel: Wir fühlen uns verärgert. Ein Blick in den Spiegel zeigt uns, welchen Gesichtsausdruck wir in diesem Moment haben. Und wenn wir in diesem Zustand reden, hat unsere Stimme einen besonderen Klang. Entsprechend verändert sich unsere Körperhaltung. Es geht also darum, unser eigenes Repertoire kennenzulernen, denn nur auf diesem Weg können wir uns unserer gewohnheitsmäßigen Ausdrucksformen bewusst werden.

Als nächsten Übungsschritt schlägt *Orage* vor, Gefühle auszudrücken, die wir in diesem Moment *nicht* haben. Im Unterschied zur Schauspiel-Ausbildung soll hiermit jedoch ein höheres Ziel angestrebt werden: Indem wir die Skala der Emotionen (z. B. von Verwunderung über Empörung und Argwohn bis zur Zuneigung) ausdrücken, lernen wir, den Ausdruck vom eigentlichen Begleitgefühl zu trennen. Von da aus ist es nicht mehr weit zur Fähigkeit, zu fühlen, ohne dem Gefühl Ausdruck zu verleihen – nach *Orages* Meinung die wichtigste Komponente in der Kunst, sich nicht selbst preiszugeben.

Die folgenden Schritte ergeben sich gleichsam organisch: die Emotion oder die Stimmung, die wir gerade haben, *nicht* auszudrücken, und danach die höchste Stufe zu versuchen, nämlich dem Gegenteil vom gerade Gefühlten (oder zumindest etwas qualitativ anderem) Ausdruck zu verleihen. Um Ersteres zu bewirken, müssen wir unsere Muskeln daran hindern, den passenden Ausdruck „herzustellen“. Es reicht bereits, sie nicht aktiv werden zu lassen. *Orage* meint, wer das könne, der sei auf dem Weg, die stärksten Kräfte in sich freizusetzen.

Zu Letzterem: Angenommen, wir fühlen uns erbärmlich oder nicht ganz auf dem Damm, alles und jedes geht uns auf die Nerven. Wir fragen uns, warum wir überhaupt geboren sind, wir spüren den großen Überdruss. Genau dann – so empfiehlt er uns – sollen wir vor den Spiegel treten und unseren Körper absichtlich dazu bringen, uns strahlend, liebevoll und lebensfroh aussehen zu lassen. Mit unseren Gesten, unserer Haltung und unserem Gesichtsausdruck sollten wir so raffiniert das Gegenteil unseres wirklichen Befindens ausdrücken, „dass selbst der Teufel darauf hereinfiele“. Es ist ein absichtlicher (und machbarer) Sieg über die eigenen negativen Emotionen.

9.6 Beobachten lernen

Genauso, wie wir Menschen uns für geborene Denker halten, glauben wir, „Beobachter von Natur aus“ zu sein. *Orage* hält auch das für eine Illusion, denn die meisten von uns seien für Beobachtungen, die über die unmittelbaren Notwendigkeiten des Lebens hinausgehen, schlicht zu träge. Denn dazu brauche es eine willentliche Anstrengung. Im Ergebnis wüssten wir nicht mehr von unserer Umwelt „als eine Katze oder ein Hund". Wir seien zwar über eine lange Assoziationskette mit einer Vielzahl von Dingen vertraut, aber es sei nur eine flüchtige Bekanntschaft. Verglichen mit dem, was wissenschaftliche Beobachtung anstrebe, seien wir noch nicht einmal neugierig zu nennen.

Die erstaunlichsten Dinge würden wir für einfach gegeben halten. Von der Menge der Wunder, die uns umgeben, würden wir bestenfalls die äußere Hülle wahrnehmen. Nur wenige von uns könnten sich an höchstens eins von hundert dieser Wunder erinnern, die uns täglich umgeben. Diese angeborene Trägheit werde durch eine Neigung vergrößert, die wir seit Kindesbeinen besäßen und als Erwachsene nur selten abgelegt hätten, nämlich alles, was uns begegnet, sofort in „Mag ich" oder „Mag ich nicht" einzuteilen. Wirkliche Beobachtung beginne erst, wo diese schlichten Kategorien aufhörten, als Werte-Kriterien zu fungieren. Im wissenschaftlichen Sinne seien sie „kindisch" zu nennen.

Für *Orage* ist aber selbst der wissenschaftliche Standard der Beobachtung nicht unproblematisch. Das Misstrauen der Wissenschaft gegenüber der Vermischung von Phantasie bzw. Einbildung und tatsächlicher Beobachtung sei gewiss ein Fortschritt. Sie habe sich jedoch mit der Entwertung der *Vorstellungskraft* ein neues Problem eingehandelt: den Verlust der ganzheitlichen Sicht auf das zu untersuchende Objekt. Was zum Objekt ihrer wissenschaftlichen Neugier werde, „sterbe" gleichsam in ihren Händen und ende als Bruchstück. Genauso sei es mit dessen Einbettung in einen größeren prozessualen Zusammenhang, denn faktisch habe dieser ja weder einen Anfang noch ein Ende.

Orage wählt zur Illustration dieses Gedankens – als anscheinend banales Beispiel – einen Pflasterstein: Er ist aus einer geologischen Formation herausgebrochen und mithilfe spezieller Werkzeuge in eine vorbestimmte Form gebracht worden. Von der Bearbeitungsstelle wurde er zum Verlege-Ort gebracht und bildet dort mit anderen Steinen ein vorher festgelegtes Muster. Ein kompetenter Beobachter könnte aus dem bloßen Anblick der gegebenen Situation auf diesen Entstehungsprozess schließen. Aber es wäre nicht Beobachtung im von *Orage* beabsichtigten Sinne, sondern eine Schlussfolgerung. Ihm geht es gerade *nicht* um eine Folge mühsam zusammengefügter Fakten und deren logische Bewertung, sondern um eine *simultane Wahrnehmung*, also um die augenblickliche Zusammenfügung all dessen, was über das Objekt gewusst werden kann.

Also: Der Pflasterstein, den wir beobachten, enthüllt uns augenblicklich Informationen über seine Natur, seine Geschichte, seinen Gebrauch, seinen Platz in der Natur, seine Zukunft. Und diese Fülle von Wahrnehmungen kann selbstverständlich nicht simultan ausgesprochen werden, denn das würde „ein Buch füllen oder einen Monat dauern". Aber der Prozess des Verstehens sollte sie alle gleichzeitig einbeziehen, sie also gleichsam simultan bzw. ganzheitlich verstehen und sie so „verwirklichen". Und *Orage* wagt die Vision, wie es wäre, wenn wir alle Objekte, die uns begegnen, auf diese Weise wahrnehmen könnten. Es wäre das größte denkbare Vergnügen für uns Menschen, uns all dessen, was uns umgibt, vollständig bewusst zu werden und seine Eigenschaften zu erfassen. Es wäre das Leben eines *erwachten Menschen* mitten in dieser Welt. Überflüssig zu sagen, dass dieser „Modus des unmittelbaren Wahrnehmens" nicht von selbst entsteht, sondern das Ergebnis einer willentlichen Anstrengung über längere Zeit ist. Einsatz und Gewinn halten sich aber die Waage.

Ganz praktisch schlägt *Orage* vor, zunächst nur mit diesen Kategorien zu arbeiten: *Ursprung/Herkunft, Geschichte, Beziehungen, Gebrauch* und *Zukunft* und sie absichtlich auf Objekte der unmittelbaren Umgebung anzuwenden. Man solle sich ein Objekt vornehmen und sich Antworten auf diese Kategorien geben. Im nächsten Schritt solle man sich diese Antworten als ein Ganzes vergegenwärtigen. Bei erneuter Betrachtung des Objekts solle man die Antworten im Bewusstsein behalten und sich alles *simultan* vorstellen, was man über dieses Objekt weiß. *Orage* meint, das Ergebnis sei weder eine rationale Schlussfolgerung noch eine Einbildung, sondern sei eine *echte Imagination*, d. h. ein blitzartiges Erfassen.

Zunächst sei man verblüfft, wie viel man wisse – und wie viel auch nicht. Zugleich aber bekomme man ein *Gefühl* für den Unterschied zwischen Beobachten, Denken, Erinnern, Schlussfolgern und Einbilden. Denn diese verschiedenen Prozesse seien normalerweise für uns nichts als Begriffe, die wir nur theoretisch – also im Kopf – differenzieren könnten. Nach einer Weile und einiger Übung würde der Unterschied zwischen diesen mentalen Funktionen zur *gefühlten Gewissheit*.

Für mich wird durch diese Ausführungen *Orages* erstmals in begrifflich angemessener Komplexität möglich, zu benennen, welche Prozesse der komplexen Anforderung der Ennea-Musterfindung zugrunde liegen. Es geht um nicht weniger als ein blitzartiges, simultanes Erfassen und Zusammenführen von Informationen unterschiedlicher Kategorien.

9.7 Mehr leben

Unser Zeit-Erleben hängt davon ab, ob wir die Zeit als *gefüllt* oder *leer* erleben. *Orage* schlägt vor, die Zeit mit einer Perlenkette zu vergleichen: Wenn die Perlen sehr dicht aneinander liegen, nehmen wir den Faden, der sie zusammenhält, nicht wahr. Je mehr Abstand zwischen den Perlen liegt, desto mehr wird vom Faden sichtbar. Genauso, wie wir beklagen, dass wir gelangweilt sind und die Ereignisse dumpf seien, passt es uns nicht, dass wir zu wenig Zeit zu unserer Verfügung haben. Wenn wir den *Ablauf* der Zeit wahrnehmen, sind wir gelangweilt. Wenn wir ihn nicht registrieren, scheint die Zeit allzu schnell zu vergehen.

Im Allgemeinen gehen wir mit den Perlen um, als wären sie zufällig angeordnet, denn wir kontrollieren weder das Eintreffen von Ereignissen, noch schaffen oder erzeugen wir sie. Die Perlen scheinen sich gleichsam von selbst aufzufädeln, einige wenige strahlen und leuchten farbig, die Mehrzahl von ihnen aber wirkt wie gewöhnliches Glas. Und es gehört nicht zu unseren Vorlieben, die Orte oder Umstände aufzusuchen, wo die Perlen entstehen, d. h. wo die Dinge geschehen.

Die Klage träger Menschen, keine Zeit zu haben, ist ungerechtfertigt – sie brauchten sich ja nur aufzumachen und loszulegen. Andererseits beklagen Menschen, deren Leben reich mit Aktivität gefüllt ist, die in hohem Tempo leben und keinen Moment der Langeweile verspüren, dass ihr Leben zu kurz sei. Schließlich habe der Tag ja nur 24 Stunden. Wie kann ihnen, den „glücklichen Unglücklichen" (Orage) geholfen werden? Die Perlenschnur ist prall besetzt, es gibt keinen Platz für weitere. Die Lösung besteht darin, eine zweite Schnur – und ggf. noch weitere – daneben zu legen. Dazu eine kleine Erläuterung.

Zeit, wie wir sie verstehen, ist eine Abfolge von Ereignissen. In jedem gegebenen Augenblick sind wir gefordert, zwischen einer Menge von Möglichkeiten zu wählen. Worauf die Wahl nicht fällt, das wird gleichsam geopfert. Zeit ist also die Verwirklichung einer Möglichkeit aus einer Auswahl von vielen. *Orages* Lösung ist auf den ersten Blick genauso simpel wie anscheinend unmöglich: Wenn wir statt einer zwei, drei oder mehr Möglichkeiten gleichzeitig verwirklichen könnten, würde sich die Intensität unseres Lebens verdoppeln oder verdreifachen, obwohl wir dafür nicht mehr Zeit zur Verfügung haben.

Technisch steht dem als Haupthindernis unsere *Gewohnheit* entgegen, denn als Folge unserer eindimensionalen Auffassung der Zeit halten wir auch nur die einfache Ereignissequenz für denkmöglich. Es gilt also, *simultan* statt *sukzessiv* zu denken, denn so präsentieren sich uns die Ereignismöglichkeiten ja tatsächlich. In jedem Moment unseres wachen Lebens erreichen uns hunderte von Sinneseindrücken, machen wir eine Vielzahl von mehr oder weniger bewussten Bewegungen, sind wir Subjekt von vielfältigen inneren Empfindungen, wie Muskelkontraktionen, Atemzügen, Temperatur- und

Blutdruckschwankungen. Normalerweise registrieren wir all das nicht, es sei denn, besondere Umstände nötigten uns dazu. Dann können wir sie aus der Fülle des Sonstigen herauslösen und sie aufmerksam wahrnehmen. Üblicherweise behandeln wir unseren Körper wie eine Maschine, die zu funktionieren hat und keinen besonderen Wert besitzt.

Wie steht es mit unserem Emotionen und unserem Denken? Bei genauerer Analyse – so *Orage* – zeigt sich, dass wir davon ebenso wenig mitbekommen wie von den Vorgängen in unserem Körper. Unterschiede gibt es in der Sensibilität in jeweils einem Bereich in Abhängigkeit von der Zuordnung zu den Triaden *Denken, Fühlen, Handeln*, die wir vom „Enneagramm der Persönlichkeit" her kennen. Aber auch die Spezialisten bekommen nur einen Bruchteil der tatsächlichen Abläufe mit. „Naturbegabungen", die Vorgänge in zwei oder gar drei Bereichen registrieren, sind äußerst selten.

Wenn wir unterstellen, dass diese drei Erfahrungsmodi gleichsam Zeit-Fäden sind, denen unablässig (Ereignis-)Perlen hinzugefügt werden, könnten wir theoretisch unsere Zeit „verdreifachen", wenn wir uns simultan aller drei Modi bewusst würden: Unsere physischen Bewegungen und Empfindungen, unsere Gefühle und Gedanken würden, wenn wir uns ihrer simultan bewusst würden, gleichsam drei Leben in einem ergeben. *Orage* schränkt ein, dass das natürlich alles andere als einfach sei. Er rät, mit den Körperbewegungen zu beginnen und sie sorgfältig registrieren zu lernen. Später solle man die Schwankungen im Gefühlsbereich hinzu nehmen, ohne die Körperempfindungen zu vernachlässigen. Als Letztes solle man den Fluss der Gedanken wahrnehmen und diese Beobachtungen mit den beiden anderen verbinden lernen. So könne es gelingen, die uns gegebene Zeit zu verdreifachen und damit unser Leben zu bereichern. Dieses Vorgehen sei weder introspektiv noch analytisch zu nennen. Denn es gehe nicht darum, zu denken, sondern nur darum, achtsam zu sein. Und volle Achtsamkeit bedeute vollständige Bewusstheit.

9.8 Den eigenen Energiehaushalt kontrollieren lernen

Orage erinnert an zentrale Einsichten Gurdjieffs: Unser Organismus arbeite gleichsam wie eine Maschine. Sie beziehe ihre Energie aus der physischen Nahrung, aus der Luft, die wir atmen und den Sinneseindrücken, die wir empfangen. Das fortwährende Geben und Nehmen zwischen diesen drei Quellen erzeuge unseren Energiestatus, und die so gewonnene Energie habe also drei Qualitäten: *physikalisch, emotional* und *mental*. Um den Verbrauch auszugleichen, müssten wir die Mittel für diese drei in uns selbst erzeugen. Wir könnten selbstverständlich nicht mehr verbrauchen, als wir erzeugen. Das gelte für die physische Nahrung genauso wie für unsere emotionale und mentale Ernährung: Wir könnten nicht *mehr* denken oder *mehr* fühlen als wir im jeweiligen Bereich „einnehmen".

Wir würden sowohl des Denkens wie des Fühlens müde, sodass wir beides nicht mehr könnten, genauso wie wir aus Gründen körperlicher Erschöpfung müde werden. Es bedeute also in allen drei Bereichen dasselbe, nämlich den Energiespeicher geleert zu haben. Nach einem erholsamen Schlaf, nach einer Frischluftzufuhr oder nach einem Wechsel der Situation, könnten wir wieder handeln, fühlen oder denken. Aber für den Moment seien wir leer.

Es gelte allerdings, zwei Arten von Müdigkeit zu unterscheiden, die eingebildete und die reale. Häufig glaubten wir, müde zu sein, obwohl wir es tatsächlich noch nicht sind, denn schon eine neue Motivation reiche aus, um davon überrascht zu werden, wie viel Energie wir noch besäßen. Im körperlichen Bereich werde dieses Phänomen manchmal als „zweite Luft" bezeichnet. Dabei habe es den Anschein, als würde ein zweites Energie-Reservoir erst dazu geschaltet, wenn das erste erschöpft sei. Gleiches gelte für den emotionalen wie für den mentalen Bereich – aber allzu oft würden wir bereits aufgeben, wenn die „erste Luft" verbraucht sei. Tatsächlich stehe uns aber nach der ersten Ermüdung ein zweites Energiereservoir zur Verfügung.

Wirkliche Müdigkeit unterscheide sich davon deutlich. Sie trete auf, wenn das zweite (oder möglicherweise dritte) Reservoir ebenfalls leer sei. Dann seien Erholung oder Aufladung nötig – oder die „Maschine" versage ihren Dienst. Konstruktionsseitig produziere sie normalerweise einen Überschuss an allen drei Energien, und wir würden nur einen Bruchteil unserer Vorräte verbrauchen. Nichtsdestotrotz *verbrauchten* wir die Vorräte und fielen müde ins Bett. Warum das so sei? In Gurdjieffs Lehre vom *Vierten Weg* werde der menschliche Organismus mit einem dreistöckigen Haus verglichen, wobei jedem Stockwerk bestimmte Aufgaben zukämen: Im Erdgeschoss gehe es um unser körperliches Leben, im zweiten Stock um unser emotionales und im dritten um unser intellektuelles Leben.

Wenn wir nur auf einem Stockwerk arbeiteten, sei es nicht nötig, dass die anderen beiden ebenfalls in Betrieb genommen würden. Im realen Haus würden wir ja auch nicht alle Lichter brennen lassen, wenn wir uns nur auf einer Etage aufhielten – das wäre Energieverschwendung. Analoges gelte für unsere drei Zentren. Wenn wir z. B. mit Denken beschäftigt seien, sei es nicht erforderlich, Körperenergie zu verausgaben. Oder wenn wir körperlich arbeiteten, müsse unser Denkzentrum nicht in Betrieb sein. Wir müssten lernen, den Energieverbrauch auf jeder unserer Etagen willentlich zu steuern, sodass die Maschine nicht laufe, wenn wir uns dort nicht aufhielten. Jede „nicht bewusste Aktion" verschwende Energie; nur bewusste Aktionen würden helfen, Energie zu sparen. Also könne das oberste Prinzip der Ökonomie nur lauten, uns bewusst und willentlich zu beschäftigen und keinen unbeabsichtigten Verbrauch zuzulassen. Die drei Hauptquellen des Energieverlusts korrespondierten mit den drei Stockwerken unserer inneren Fabrik: *unbeabsichtigte Muskelanspannung, ziellose Gedankenaktivität* und *Sich-Sorgen-Machen.*

Wenn wir den *Zustand unserer Muskeln* genau in diesem Moment kontrollieren würden, könnten wir feststellen, dass wir wahrscheinlich in unnötiger Anspannung dasitzen. Unsere Beine seien gekreuzt, unsere Nackenmuskeln angespannt, unsere Arme hingen nicht locker herunter. All das bedeute, dass wir in allen Räumen des Erdgeschosses die volle Beleuchtung eingeschaltet hätten und – obwohl wir uns dort nicht aufhielten – Energie nutzlos verbrauchen würden. Die „Heilung“ wäre, den Körper zu entspannen, wenn er nicht arbeitet. Weil wir aber im Banne langer Gewohnheit seien, entspanne sich unser Körper kaum aus eigenem Antrieb. Gleichwohl könne er dazu gebracht werden. Die Menge eingesparter Energie sei enorm.

Ziellos umherzudenken bedeute, die Lichter in der oberen Etage umsonst brennen zu lassen. Und dennoch tue es jeder. *Orage* schlägt vor, dazu Mitfahrer im Bus oder in der Bahn zu beobachten.[30] Sie seien nicht damit beschäftigt, an einer bestimmten Sache zu arbeiten. Ihre Gedanken wanderten durch die Ereignisse des Tages, oder die von gestern, oder vom letzten Jahr. Sie versuchten gar nicht, zu irgendeinem Ergebnis zu kommen. Tatsächlich würden sie nicht *denken*, sondern sie assoziierten Ideen miteinander. Und weil sich Bilder und Erinnerungen zufällig aneinander reiben, verzehrten sie Energie. Das gehe uns allen so.

Und wenn wir zu einem späteren Zeitpunkt wirklich denken und unser Gehirn benutzen wollen, stellten wir fest, dass der Tagesvorrat an Energie erschöpft sei. Die „Kur“ heiße also, niemals ziellos zu denken. Wenn man seinen Verstand dabei ertappe, eigenmächtig zu denken (sei es in Form von Tagträumen, Grübeleien, Entrückt-Sein, In-Erinnerungen-verloren-Sein), dann sollten wir ihn dazu bringen, definitiv zu arbeiten. *Orage* schlägt beispielsweise vor, ein Gedicht zu rezitieren, eine Rede zu formulieren, die morgige Arbeit zu planen, oder uns genau an die Ereignisse des Tages zu erinnern. Wir sollten alles so tun, wie wir es beabsichtigen, aber unserem Verstand nicht erlauben, dass mit ihm etwas getan wird. Diese Aktivität möge kräftezehrend erscheinen, in Wirklichkeit sei sie jedoch erfrischend. Sie bewirke eine Durchblutung, während unbewusste und unkontrollierte Gedankenarbeit zur „Ausblutung“ bis zur Erschöpfung führe.

30 Der Text ist in den 1930er-Jahren entstanden, mehr als sieben Jahrzehnte vor der Erfindung des Smartphones. Dennoch: Hat sich dadurch tatsächlich etwas Wesentliches am beschriebenen Sachverhalt geändert?

Sich-Sorgen-Machen oder unwillentliches Fühlen sei die dritte Ursache unserer Müdigkeit. Sie komme noch häufiger vor als Gedankenverschwendung oder Vergeudung körperlicher Energie. „Wir schauen nach vorne und nach hinten und seufzen wegen etwas, das es nicht gibt.“ (Shelley) Es sei nicht bloß absurd, entlang der Ereignisse von gestern oder von morgen zu fühlen, weil sie ja nicht gegenwärtig seien, sondern nur in der Erinnerung oder der Vorstellung existierten. Sie raubten uns auch die Energie, die wir heute zum Fühlen brauchten. Wir würden Menschen „sentimental“ nennen, wenn sie in ihren Gefühlen oder Erlebnissen der Vergangenheit oder der Zukunft schwelgen. Die Lichter ihres zweiten Stockwerks würden ständig brennen. Und zugleich sei es offenkundig, dass sentimentale Menschen die augenblickliche Situation nicht intensiv fühlten. „Gestern gab es Marmelade, morgen wird es Marmelade geben, aber heute gibt es bei ihnen niemals welche.“ (Alice im Wunderland)

Die „Kur“ könne nur darin bestehen, die Aufmerksamkeit auf die Person oder Situation zu konzentrieren, die unmittelbar gegenwärtig ist. Hier, gerade vor unserer Nase und nicht in unserer Erinnerung oder Vorstellung, sei das, was es zu erfühlen, mit dem es zu sympathisieren gelte, oder bei dem Abhilfe geschaffen werden müsse. Wir sollten das Gestern oder das Morgen sich um sich selbst kümmern lassen. Wer diese drei Methoden praktiziere, werde sich bald mit einer Menge Energie ausgestattet fühlen, mit der er *jetzt* noch gar nichts anzufangen wüsste. Er werde nur schwer ermüdbar sein.

9.9 Die Intuition vergewissern lernen

Orage meint, Intuition sei weder Denken noch Fühlen, sondern vielleicht eine „chemische Zusammensetzung“ aus beiden. Sie produziere blitzschnelle Urteile, die sich auf Anzeichen stützten, die für eine logische Ableitung nicht ausreichten. Während die Intuition gleichsam zu ihren Ergebnissen hüpfe, springe oder fliege, sei die Ratio wie ein Fußgänger, der die gesamte Distanz Fakt für Fakt abschreiten müsse. Die Intuition sei ein Geschenk der Natur, das bekanntlich „wehe, wohin es wolle“. Einige Menschen besäßen sie, andere nicht, und unter den Ersteren sei sie wiederum ungleich verteilt; generell sei sie unter Frauen weiter verbreitet. Die Schlussfolgerungen, die durch Intuition erreicht würden, seien oft erstaunlich zutreffend, wenngleich nie absolut sicher. Sie seien ihrer Natur nach letztlich *Schätzungen*, und selbst die intuitivsten Menschen seien durch Erfahrung geeicht, ihren eindeutigsten Intuitionen gegenüber vorsichtig zu sein.

In der Verwandtschaft zwischen Intuition und Schätzung sei ein Instrument enthalten, diese Begabung zu entwickeln und zu trainieren. Aus Kindertagen sei uns die Vorliebe für Ratespiele und Schätzübungen noch vertraut. Raten und Schätzen entspreche der natürlichen Neigung des kindlichen Bewusstseins. Eltern und Lehrer entmutigten diese Neigung gründlich, weil sie rationales Schlussfolgern an dessen Stelle setzten. Das Problem liege in der Entweder-oder-Zuspitzung. Viel besser wäre es, beides nebeneinander bestehen und sich entwickeln zu lassen, denn – wie oben gesagt – enthalte die Lust am Raten den Keim für die Entwicklung der Intuition. Diese gelte es im Verbund mit immer größer werdender Gewissheit zu fördern. Für uns Erwachsene lasse sich die verpasste Chance leider nicht zurückholen. Welche Alternativen gibt es für uns stattdessen?

Orage nennt diesen Prozess „psychologische Arbeit“, denn er sei weder Denken im gewohnten Sinne noch Fühlen. Ebenso unterscheide er sich vom kindlichen Raten. Er schlägt folgendes Szenario vor: Angenommen wir hätten uns mit einem Freund wegen einer Nichtigkeit zerstritten, und keiner der beiden Parteien sehe sich in der Lage, diesen Zustand zu heilen. Alle Versuche hätten nur zur Verschlechterung geführt. *Orage* schlägt vor, wir sollten einen Brief verfassen, der von unserem Freund an uns gerichtet sei, und uns vollständig zufriedenstelle, wenn wir ihn erhalten würden. Wir sollten genau in Worte fassen, was wir von unserem Freund zu hören bekommen wollten. Das Ergebnis dieser Verstandesübung sei weder durch bloßes Denken noch durch Fühlen oder Raten zu erreichen. Es sei eine Übung in absichtlicher Intuition – oder eben: psychologische Arbeit.

Ein anderes Übungsszenario sei folgendes: Angenommen, wir seien uns nicht sicher, was bestimmte, für uns bedeutsame Menschen von uns halten. Dies sei jedoch für uns von großer Bedeutung, weil von ihrem Urteil zukünftig etwas für uns abhinge. Sein Vorschlag: Wir sollten uns in ihre Lage hineinversetzen, und uns vorstellen, sie seien aufgefordert, ihre ehrliche Meinung von uns auszudrücken. Wir sollten möglichst realistisch niederschreiben, was sie wohl sagen würden, wären sie dazu aufgefordert. *Orage* meint, wir würden in erster Linie erstaunt sein, wie sehr sich das Ergebnis von dem unterscheide, was wir im Vorfeld erwarteten, und in zweiter Linie, wie nahe es der Wahrheit komme. *Es gebe etwas in uns, das keiner Selbsttäuschung unterliege.*

Eine der allgemeinsten Erfahrungen in unserem Leben sei, von jemandem unabsichtlich gekränkt zu werden oder selbst jemand gekränkt zu haben. Menschen, die uns bedeutsam seien, täten etwas, das uns dazu bringe, künftige Kontakte zu meiden. Ohne genau zu wissen warum, würden wir uns zurückziehen. Oder im anderen Falle würden Menschen, die sich zuvor um uns gekümmert haben, ihr Interesse an uns verlieren. Der Grund ihrer Gleichgültigkeit oder plötzlichen Kühle erschließe sich uns nicht; wir rechneten es ihren Launen zu. In beiden Fällen würde eine psychologische Arbeit im obigen Sinne erhellende Ergebnisse hervorbringen.

Um unserem Gekränkt-Werden auf die Spur zu kommen, sei es nützlich, absichtlich entdecken zu wollen, was uns auf Distanz zum Anderen gehen ließ. Dann solle man sich vorstellen, was er oder sie getan haben müsste oder noch tun sollte, um wieder von einem selbst beachtet zu werden. Es reiche nicht aus, sich zu wünschen, anders behandelt worden zu sein. Wir müssten uns vielmehr gedanklich ausmalen, *wie genau* wir uns wünschten oder wünschen, behandelt zu werden. Es sei auch nicht wichtig, dass unser Freund oder Bekannter sich im Sinne unserer Entdeckung verhalte, noch müssten wir ihm mitteilen, was er hätte tun sollen oder nun tun soll. Das eigene Verstehen, das wir durch diese Arbeit erreicht haben, sei in sich schon wertvoll genug.

Im anderen Fall, nämlich selbst der Kränkende gewesen zu sein, sollten wir absichtlich alle Ereignisse des letzten Treffens noch einmal mit zwei Fragen im Bewusstsein durchgehen: Was erwartete mein Freund/Bekannter in diesem Moment von mir? Und was habe ich ihm gegeben? *Orage* meint, die Mühe, diese Fragen ehrlich zu beantworten, sei nicht nur eine Übung zur Verbesserung der Intuition, sondern würde schließlich auch dazu beitragen, alte Missverständnisse aufzuklären und neue zu vermeiden. Neben der unmittelbar spürbaren Wirkung enthielten alle diese Anstrengungen noch einen Entwicklungs-Wert, der darüber hinausweise. Dieser zeige in Richtung der christlichen Lehre, die oft gepredigt, aber seltener praktiziert werde: „Behandele andere so, wie du selbst behandelt werden möchtest." Um dieses hohe Ziel zu erreichen, würden Vernunft und Gefühl nicht ausreichen, sondern wir könnten uns dieser Wahrheit nur mithilfe geschulter Intuition nähern.

9.10 Vom täglichen Sterben

Der Titel könnte nahelegen, dass nun Ausführungen folgen, die sich vorzugsweise an hartgesottene Asketen oder schwer depressiv gestörte Menschen richten. Dem ist jedoch nicht so. Vielmehr bezieht sich *Orage* auf Berichte über sogenannte Nahtod-Erfahrungen und nutzt das Potenzial der in ihnen enthaltenen Erkenntnisse, um Wege zu größerer Bewusstheit aufzuzeigen.

Menschen, die diese Erfahrung gemacht haben, berichten, dass ihr ganzes Leben in Bildern an ihnen vorbeigezogen sei. Dabei sei kein Detail ausgelassen worden, und jede Farbe, jede Form und jede Bewegung sei in der ursprünglichen Brillanz vorhanden gewesen. *Orage* sieht in diesen Berichten einen Beleg dafür, wie nachhaltig sich die Qualität der Sinneseindrücke – also unserer dritten Nahrungsquelle – einprägt, ganz gleich, ob wir sie bewusst empfangen haben, oder nicht. Diese Bilder steigen in einem Moment auf, in dem das Bewusstsein unseren Körper verlässt. *Orage* folgert, dass wir auch bei „normaler" Gelegenheit von diesem Potenzial Gebrauch machen könnten: nämlich vor dem täglichen Einschlafen.

Schlaf und Tod seien ja insofern verwandt, als in beiden Zuständen das Nicht-mehr-Bewusste vorherrsche, in das wir allmählich hineinglitten. Und was liege da näher, als beim Übergang vom Wachzustand in den Schlaf die Eindrücke des Tages noch einmal Revue passieren zu lassen? Dabei sei es wichtig, zu beachten, was über die *Qualität* der Erfahrungen berichtet werde: Sie seien weder zensiert noch belehrend, noch seien sie irgendwie mit unserem Denken oder Fühlen verbunden. Vielmehr wirke der Rückblick geradezu unpersönlich und unbeteiligt – es gebe weder Ausschmückungen noch Kommentare, nur Bilder, kein Geschwätz und keinen Text.

Genauso solle der Tagesrückblick vonstatten gehen. Und bereits die Aussicht, am Ende des Tages die Ereignisse Revue passieren zu lassen, führe zu einer größeren Achtsamkeit im Laufe des Tages. Unser Gedächtnis, unsere Konzentration und unsere Aufmerksamkeitsspanne würden gestärkt. Daneben sei die Wiederbegegnung mit uns selbst in der abendlichen Bilderfolge von unschätzbarem Wert bezüglich unserer Selbst-Erkenntnis, denn schließlich fingen wir an, uns so zu sehen, wie wir den Anderen erscheinen. Und das mache uns toleranter gegen die Fehler und Ungeschicklichkeiten der Anderen.

Wie sollten wir konkret vorgehen? Zunächst, indem wir damit beginnen, eine Serie einfacher Zahlen vorwärts und rückwärts abzuzählen, z. B. 2, 4, 6, 8, 10 – 10, 8, 6, 4, 2. Dieses Abzählen sollten wir im immer selben Rhythmus wiederholen. Sobald sich dieser verfestigt habe, sollten wir uns absichtlich – und fast wie automatisiert – ausmalen, wie wir heute Morgen aufgestanden seien: unser Erwachen, unser Aufstehen, unser Ankleiden, unser Frühstück, unsere Morgenlektüre, unser Weg zum Bus usw. Wir sollten uns alle diese Stationen gleichsam als Bilderfolge vorstellen. Vermutlich bekämen wir es am Anfang mit drei Schwierigkeiten zu tun, die uns aber nicht entmutigen sollten: mit dem kontinuierlichen Zählen, den zwischenzeitlich auftretenden Gedächtnislücken und dem plötzlichen Einschlafen.

Das kontinuierliche Zählen soll das Denkzentrum aktivieren und dadurch dem Bild-Gedächtnis die Arbeit erleichtern. Wir sollten schließlich bei der Erinnerung ja gerade *nicht denken*. Denn das Denken würde die Bildproduktion nicht nur behindern, sondern sie auch verfälschen. Das Zählen sei die einfachste Methode, das Denkzentrum in Schach zu halten.

Am Anfang reiche die Erinnerungsspanne bei den meisten Menschen für gerade mal über fünf Minuten. Dann sollten wir aber nicht mit dem Zählen aufhören, obwohl das so naheliegend sei. Wir müssten den Erinnerungsfilm halt wieder „neu einlegen". Das sei normal und einfach dem Ungewohnten dieser Übung geschuldet. Mit der Zeit würden die Unterbrechungen seltener und die Erinnerungen würden dem tatsächlichen Ablauf in Form und Inhalt immer ähnlicher. Der Lohn sei dann nicht nur der Rückblick auf den Tag, sondern das Gefühl, das eigene Bewusstsein kontrollieren zu können.

Die dritte Schwierigkeit, das Einschlafen, liege in der Natur der Sache. Während uns die Denkaktivitäten wach hielten, gelte dies für das Sich-Sorgen-Machen in verstärktem Maße. Sich bildlich den Tagesablauf zu vergegenwärtigen, sei aber wie kein anderes Mittel geeignet, uns in den Schlaf zu bringen. Schlimmstenfalls würden wir also einschlafen, bestenfalls aber wissen, was es bedeute, täglich zu sterben.

9.11 Das Leben als sportliche Übung betrachten lernen

In vielen Redewendungen geht es um die „richtige Einstellung". Und *Orage* fragt, was wir darunter genau verstehen. Als „Einstellung" bezeichnet er den allgemeinen Bewusstseins-Status einer Person in Beziehung zu einem Objekt, genauer: seine *emotionale* Beziehung. Wenn jemand dem Objekt misstraue, sei seine Einstellung die des Misstrauens. Wenn jemand Furcht, Zuneigung, Vertrauen oder Hoffnung verspüre, korrespondiere seine Einstellung damit und werde davon bestimmt.

Unsere Einstellung zu den Dingen ändere sich in Abhängigkeit von den Umständen, oft von einem Tag auf den anderen. Was wir heute anziehend fänden, das könne uns schon morgen kalt oder indifferent lassen. Für *Orage* ist es eine wichtige Frage, ob wir unsere Einstellung absichtlich, also aus eigenem Ermessen ändern können, ohne dass ein veränderter Anreiz vom Objekt ausgehen muss. Wenn wir das wirklich könnten, dann bringe es uns dem Ziel näher, unser eigenes Schicksal meistern zu können. Wir bekämen die Freiheit, zu den Vorfällen des Lebens genau das Gefühl zu haben, welches uns gefalle.

Die meisten von uns seien zwar weit von dieser Fähigkeit entfernt, wir könnten uns jedoch zweifellos in diese Richtung entwickeln. Ein Schlüssel liege in der bekannten Fabel vom Fuchs und den Trauben. Nachdem sie trotz aller Versuche für ihn unerreichbar geblieben seien, weil sie zu hoch hingen, habe er beschlossen, dass sie ohnehin sauer sein müssten. Dadurch habe sich nicht nur seine Vorstellung von den Trauben geändert, sondern auch seine emotionale Haltung. Sie hätten ihm einfach nicht mehr dasselbe bedeutet wie zuvor. Daraus könnten wir den Schluss ziehen, dass unsere Einstellung von unserer Vorstellung über die Dinge beeinflusst werde, und diese würde wiederum unsere Emotionen steuern. Folglich gelte: Hätten wir unsere Vorstellung unter Kontrolle, gelte dasselbe für unsere Emotionen.

Selbstverständlich komme es in erster Linie auf unsere Einstellung zum Leben selbst an, denn durch sie würde alles entsprechend eingefärbt. Ob jemand eine rosa-rote Brille aufhabe oder eher düster auf das Leben blicke, ob er die Herausforderungen des Lebens eher sportlich an- oder eher fatalistisch hinnehme – in jedem Falle sei die zentrale Einstellung für jede untergeordnete bestimmend. Deshalb komme ihr eine zentrale Rolle bei jedem therapeutischen Versuch zu, die Lebensumstände verbessern zu helfen. (Kenner des „Enneagramms der Persönlichkeit“ werden ohne Mühe neun Grundeinstellungen zum Leben unterscheiden können.)

Es gelte festzuhalten, dass unsere Einstellung durch unsere Vorstellung erzeugt werde. Und welche Vorstellung wir uns von einer Sache machten, das erzeuge unsere Gefühle zu ihr. Wenn wir uns einbildeten, ein geringeltes Seil am Wegesrand sei eine Schlange, fühlten und verhielten wir uns entsprechend. Wenn wir unseren Irrtum entdeckten und ein zutreffendes Bild vom Seil bekämen, würde sich unsere emotionale Einstellung wieder ändern. Es sei kaum möglich, sicher zu wissen, was das Leben letztlich sei. Es sei deshalb Allgemeingut zu glauben, dass es etwas *Nützliches* für uns sei. Alle religiösen Systeme würden versuchen, in uns eine solche Haltung dem Leben gegenüber zu erzeugen. Was sie unterscheide, sei eine typische Färbung („puritanisch“, „genussfreudig“, „nächstenliebend“ usw.). Jede dieser Färbungen solle eine bestimmte Haltung und ein bestimmtes Verhalten ihrer Anhänger hervorrufen.

Für uns Heutige empfiehlt *Orage* eine Wiederbelebung des antiken Gedankens, das Leben als *Gymnasium* zu verstehen: der Ort, an dem alle unsere „Muskeln“ – die physischen, die emotionalen und die intellektuellen – gleichermaßen zur Entwicklung herausgefordert waren. Für die Griechen sei das Gymnasium zu Zeiten des Pythagoras das Symbol für das Leben selbst gewesen. Unser Planet sei von den Göttern als Übungsfeld für die Menschen verstanden und dementsprechend seien alle Lebenserfahrungen im *gymnasialen* Sinne aufgefasst worden: als Bewegungen, Dehnungen, Drehungen, Ringkampf, Laufen oder Gewichtheben usw. Zumindest habe diese Haltung ein Gefühl des Schöpferischen hervorgerufen. Und ein Leben, in dieser Haltung gelebt, sei sowohl interessant, als auch gewinnbringend.

9.12 Vorläufige Resümees – habituell und aphoristisch

Ich hoffe, in der Ankündigung der Gedanken und Einsichten *Orages* nicht zu viel versprochen zu haben. Er hat uns meines Erachtens nicht nur gezeigt, wie wir unser willentliches Denkvermögen verbessern, unsere Emotionen kontrollieren lernen, und uns selbst und unsere Mitmenschen unvoreingenommener wahrnehmen können. Er hat uns auch Wege eröffnet, schonender mit den eigenen energetischen Ressourcen umgehen zu können und uns vor Energieverlust zu schützen, wenn es unsere Beurteilung der Umstände erforderlich macht.

Die Fähigkeit zur Beurteilung komplexer Umstände ist das Ergebnis der gezielten Entwicklung unserer Intuition, die – wenn sie durch Vergewisserung abgesichert wird – alltäglich ihre Überlegenheit gegenüber dem bloß rational begründeten Urteil unter Beweis stellt. *Orage* zeigt uns auch, dass Entwicklung weit mehr ist als eine noch so ausgefeilte Technik der Selbst-Optimierung. Ohne ein Bewusstsein der unbezweifelbaren Endlichkeit all unserer diesbezüglichen Bemühungen, das im großen *memento mori* früherer Zeitalter seinen Ausdruck gefunden hatte, würde unser Blick für die wirklich entscheidenden Größenverhältnisse verzerrt werden. Und wie attraktiv, wie würdevoll und bar jeden Lamentos ist seine Empfehlung, die Herausforderungen des Lebens im Geiste antiker gymnasialer Sportlichkeit anzunehmen.

Entwicklung wird von ihm in allen Einzelaspekten komplex und vielschichtig verstanden. Sie umfasst – ganz im Sinne der gurdjieffschen Lehre – immer die Arbeit an allen drei Zentren: Denken, Fühlen und Handeln. Nur so kann sie meines Erachtens die tragfähige Grundlage für den vielleicht spannendsten Prozess unseres Menschseins bilden. An dessen Ziel kann, zumindest als Nebeneffekt, eine Stufe körperlicher, seelischer und geistiger Gesundheit erwartet werden, die in vieler Hinsicht belastbarer ist.

Zum Ausklang dieses Kapitels möchte ich Sie einladen, noch weitere Gedanken *Orages* auf sich wirken zu lassen. Sie werden zur Abwechslung in aphoristischer Verdichtung präsentiert.

Alfred Orage: Aphorismen[31]

∗ Vernunft entwickelt man, indem man gegen Gewohnheits- und Wiederholungszwänge vorgeht; indem man einer legitimen Laune folgt und sich weigert, es wie die Anderen zu machen.
∗ Sich selbst zu kennen, heißt das Universum zu kennen.
∗ Unsere Beobachtung Anderer wird gefärbt durch unsere Unfähigkeit, uns selbst unparteiisch zu beobachten. Wir können niemals etwas Anderem gegenüber unvoreingenommen sein, solange wir nicht unserem eigenen Organismus gegenüber unparteiisch sein können.
∗ Unsere Vervollkommnung ist uns auferlegt. Das mag man Gerechtigkeit nennen.
∗ Es ist möglich, ästhetische Emotionen ohne menschliche Emotionen zu haben.
∗ Mitleid ist von Gott, Selbstmitleid ist vom Teufel.
∗ Gesunder Menschenverstand wird durch Reifung und Erfahrung zu Weisheit; Weisheit wird in ihrem Reifezustand zu Schönheit.
∗ Egoismus: Andere an unseren Vorlieben und Abneigungen messen – nicht an ihren Bedürfnissen, sondern an unserem Vorteil.
∗ Eitelkeit: Dasjenige, für das wir lieber beinahe alles opfern würden, damit es nicht verletzt wird.
∗ Stolz: Ignorante Unterstellung, dass die Qualitäten und der Zustand des Organismus vom eigenen Verdienst abhingen.
∗ Glücklich ist der Mensch, der danach strebt, seine Potenziale zu verwirklichen.
∗ Sei ein Pianist, kein Piano.
∗ Es gibt nur geringe Unterschiede zwischen den Erfahrungen verschiedener Menschen – der Unterschied besteht darin, was sie damit anfangen. Die Bedeutung unserer ersten Nahrung liegt weder in ihrer Menge noch in ihrer Qualität, sondern in unserem Verdauungsprozess. Erfahrungen sind eine andere Form der Nahrung; aus dieser Sicht kommt es nicht so sehr darauf an, was passiert, sondern welche Erfahrung wir daraus ziehen.

31 Alfred Orage: On Love. S. 47 – 62. (Auswahl und Übersetzung: W. Reifarth)

* Das Leben sollte ein willentliches Überwinden von Schwierigkeiten sein, jenen, die uns begegnen und jenen, die wir absichtlich erzeugt haben. Anderenfalls ist es bloß ein Spiel mit gezinkten Karten.
* Es steht uns ein vollständiger Schutz zur Verfügung: Schweigen.
* Der eigenen Beschränktheit gewahr werden, ist der Beginn der Weisheit.
* Im Himmel ist mehr Freude über einen Menschen, der sich selbst vervollkommnet hat als über neunundneunzig Engel, die sich auf natürliche Weise entwickelt haben.
* Das höchste Stadium aller esoterischen Lehre ist der schlichte, gesunde Menschenverstand.

10. Schlussbetrachtung

Wer behauptet, Entwicklung sei unter *Instant*-Bedingungen zu haben (nach dem Motto: „Man nehme, rühre um, lasse das Ganze ein wenig ziehen ... und verzehre“), der täuscht sich selbst und Andere. Das genaue Gegenteil ist der Fall: Es braucht gründliches Wissen, den Mut zu unparteiischer Selbst-Beobachtung, zur Selbsterkenntnis und Selbst-Korrektur, jede Menge Humor, Frustrationstoleranz, Opferbereitschaft, Zuversicht – um nur die wichtigsten „Zutaten“ zu nennen. Und diese braucht es *konstant* und ablenkungsresistent.

Wie wir lernen konnten (bzw. bereits wussten), sind Landkarte und Territorium niemals identisch. Deshalb konnte ich auf den vorangegangenen Seiten auch nur die „Zutatenliste“ erstellen und die Rezeptur möglichst genau beschreiben – die eigentliche *EntwicklungsArbeit* kann niemand stellvertretend übernehmen. In meinen Augen hätte sich die Arbeit bereits gelohnt, wenn in einigen Leserinnen und Lesern der Impuls geweckt worden wäre, bei sich selbst genauer hinschauen zu wollen und der heimlichen Sehnsucht nach seelisch-geistigem Wachstum absichtlich und gezielt Raum zu geben. „Der Appetit kommt beim Essen“, heißt es so zutreffend. Und gibt es so etwas wie eine Gewähr, dass das Ganze auch wirklich funktioniert? Die Antwort ist ein eindeutiges Ja. Bedingung ist die wirkliche, innere Bereitschaft.

Wenn wir die „Zutatenliste" noch einmal Revue passieren lassen, dann können wir ohne Mühe eine *Bedeutungshierarchie* ausmachen:

- Am Anfang steht die (in Thesenform verpackte) Botschaft, dass die Elemente des „Enneagramms der Persönlichkeit" alleine für eine nachhaltige Entwicklung nicht ausreichen. Die hierin enthaltenen, weitergehenden Behauptungen sind zwar sorgfältig geprüft, unter Ennea-Expertinnen und -Experten ausführlich diskutiert und anhand eigener Erfahrungen reflektiert. Es ist aber dringend erforderlich, sie nicht nur einfach zu übernehmen, sondern sich individuell damit auseinanderzusetzen und einen eigenen Standpunkt zu finden. Erst dann kann sich das eigene Bewusstsein für die vorgeschlagenen Erweiterungen öffnen.
- Oberflächlich betrachtet, ist der Prozesscharakter jedweder Entwicklung eine Selbstverständlichkeit. Er sollte mithilfe der Einsichten Gurdjieffs jedoch aus dem Stadium des Diffus-Unbenennbaren ins Konkret-Wahrnehmbare transformiert werden. Es macht nämlich einen Unterschied, ob ich mir selbst Rechenschaft darüber geben kann, in welcher Prozessphase ich mich hinsichtlich eines konkreten Entwicklungsziels befinde – oder eben nicht.
- Entwicklung manifestiert sich, zeigt sich, wirkt sich aus. Wenn mit ihr zugleich eine größere Bewusstheit bei der Verwendung einschlägiger Begriffe einhergeht, wird der eigene Entwicklungsprozess in sich stimmiger, kohärenter, authentischer. Denn die verwendeten Begriffe spiegeln einerseits unsere Einstellung zu den Dingen nach außen, andererseits wirken sie verstärkend auf unser eigenes Bewusstsein zurück. Sorgfalt zahlt sich hier also doppelt aus.
- Notwendige Bedingung der absichtlichen, individuellen Entwicklung ist eine stimmige Idee bzw. Theorie, an der ich meine Schritte ausrichten, abgleichen und letztlich verstehen kann. Idealerweise sollte sie es leisten, mir jederzeit Vergewisserung darüber zu bieten, wo ich mich gerade auf meinem Weg befinde, und ob sich dieser Abschnitt meines Weges in Zielrichtung befindet. Die Enneagramm-Idee ist vergleichsweise jung. Es braucht dringend Menschen, die bereit sind, neben der eigenen Entwick-

lung auch ein Engagement für die Weiterentwicklung der Idee aufzubringen.

- Wenn ich von der Begeisterung für die *EntwicklungsArbeit* gepackt bin und die grundlegenden Schritte bereits getan habe, kann ich mich an die Aufgabe der Feinjustierung begeben. Mögliche Bereiche sind in den *EntwicklungsHilfen* von *Alfred Orage* ebenso ausdifferenziert wie praktikabel formuliert. Mich über das Stadium meiner *Liebesfähigkei*t zu vergewissern, fordert Mut und Wahrhaftigkeit, „belohnt" mich aber mit dem Gefühl eines größeren Einklangs mit mir selbst und meiner Welt. Dass es nicht an weiteren Entwicklungszielen mangelt, zeigen die im Text folgenden Hinweise. Sie sind augenscheinlich eher Kür als Pflicht.

Bleibt mir nur noch, meiner Zuversicht Ausdruck zu verleihen, dass diese wunderbare, menschenfreundliche Idee mit ihrem wahrhaft friedensstiftenden Potenzial ihren weiteren Weg machen und viele Menschen bereichern wird. Und meine aufrichtige Freude auszudrücken, ihr begegnet zu sein.

Dank

Herzlich danke ich *Barbara Stiels* für ihre unermüdliche Bereitschaft, die Entstehungsschritte des Manuskripts wohlwollend-kritisch zu begleiten und mit feinem Gespür das Nicht-ganz-so-Stimmige zu benennen.

Mein Dank gilt ebenso den *Teilnehmenden meiner Seminare* in Halberstadt, Ostritz, Hünfeld, Hertenstein/Schweiz und in Mainz. Ihr ehrliches Feedback zu ausgewählten Passagen des Textes war mir wertvolle Hilfe und Motivation zugleich.

Annemarie Becker-Freyseng danke ich für ihr sorgfältiges Lektorat. Gleiches gilt für *Ralf Mulot*, dem ich darüberhinaus die Idee verdanke, an geeigneten Stellen des Textes „Info-Einheiten" zu integrieren, um den Kontext verständlicher zu machen.

Das Göttliche

Edel sei der Mensch,
Hilfreich und gut!
Denn das allein
Unterscheidet ihn
Von allen Wesen,
Die wir kennen.

Heil den unbekannten
Höhern Wesen,
Die wir ahnen!
Ihnen gleiche der Mensch!
Sein Beispiel lehr uns
Jene glauben.

Denn unfühlend
Ist die Natur:
Es leuchtet die Sonne
Über Bös und Gute,
Und dem Verbrecher
Glänzen wie dem Besten
Der Mond und die Sterne.

Wind und Ströme,
Donner und Hagel
Rauschen ihren Weg
Und ergreifen
Vorüber eilend
Einen um den andern.

Auch so das Glück
Tappt unter die Menge,
Fasst bald des Knaben
Lockige Unschuld,
Bald auch den kahlen
Schuldigen Scheitel.

Nach ewigen, ehrnen,
Großen Gesetzen
Müssen wir alle
Unseres Daseins
Kreise vollenden.

Nur allein der Mensch
Vermag das Unmögliche:
Er unterscheidet,
Wählet und richtet;
Er kann dem Augenblick
Dauer verleihen.

Er allein darf
Den Guten lohnen,
Den Bösen strafen,
Heilen und retten,
Alles Irrende, Schweifende
Nützlich verbinden.

Und wir verehren
Die Unsterblichen,
Als wären sie Menschen,
Täten im großen,
Was der Beste im kleinen
Tut oder möchte.

Der edle Mensch
Sei hilfreich und gut!
Unermüdet schaff er
Das Nützliche, Rechte,
Sei uns ein Vorbild
Jener geahneten Wesen!

(Johann Wolfgang von Goethe,
Weimar 1783)

Verwendete Literatur

Bateson, Gregory: Ökologie des Geistes. Anthropologische, psychologische, biologische und epistemologische Perspektiven. Frankfurt am Main 1983.

Bateson, Gregory: Geist und Natur. Eine notwendige Einheit. Frankfurt am Main 1982.

Bateson Gregory / Bateson, Mary Catherine: Wo Engel zögern. Unterwegs zu einer Epistemologie des Heiligen. Frankfurt am Main 1993.

Branstner, Gerhard: Der Esel als Amtmann. Eschborn 1987.

Brecht, Bertolt: Gesammelte Werke. Frankfurt am Main 1967.

Buber, Martin: Ich und Du. Heidelberg 1983, 11. Aufl.

Buber, Martin: Reden und Gleichnisse des Tschuangtse. Frankfurt am Main 1951.

Gurdjieff, G. I.: Beelzebubs Erzählungen für seinen Enkel. Eine objektiv unparteiische Kritik des Lebens des Menschen. Erstes Buch; Zweites Buch; Drittes Buch. München 2000.

Khema, Ayya: Buddha ohne Geheimnis. Die Lehre für den Alltag. Zürich 1986.

Maitri, Sandra: The Spiritual Dimension of the Enneagram. Nine Faces of the Soul. New York 2001.

Naranjo, Claudio: Ennea-Type Structures. Self-Analysis for the Seeker. Nevada City 1990.

Orage, A. R.: On Love & Psychological Exercises. Two Books in One Volume. Boston 1998.

Reifarth, Wilfried: Das Enneagramm. Idee, Dynamik, Dimensionen. Berlin 2008, 2. Aufl.

Reifarth, Wilfried: Wie anders ist der Andere? Enneagrammatische Einsichten. Berlin 2010, 2. Aufl.

Reifarth, Wilfried: Bejahen, Verneinen, Versöhnen. Gurdjieff und das Enneagramm. Berlin 2013.

Rilke, Rainer Maria: Lektüre für Minuten, Frankfurt 1996.

Rhodes, Susan: Archetypes of the Enneagram. Seattle 2010.